Die wirtschaftlichen und sozialen Folgen der Geldentwertung

NÜRNBERGER ABHANDLUNGEN
ZU DEN WIRTSCHAFTS- UND SOZIALWISSENSCHAFTEN

Herausgegeben von Prof. Dr. Hermann Eichler, Prof. Dr. Hanns Linhardt,
Prof. Dr. Theodor Scharmann, Prof. Dr. Dr. Walter Weddigen

Heft 24

Die wirtschaftlichen und sozialen Folgen der Geldentwertung

Nürnberger Fakultätswoche

14. — 24. November 1966

DUNCKER & HUMBLOT / BERLIN

Alle Rechte vorbehalten
© 1967 Duncker & Humblot, Berlin 41
Gedruckt 1967 bei Alb. Sayffaerth, Berlin 61
Printed in Germany

Vorwort

Die Wirtschafts- und Sozialwissenschaftliche Fakultät der Friedrich-Alexander-Universität Erlangen-Nürnberg legt mit dieser Veröffentlichung die Vorträge ihrer Fakultätswoche vom November 1966 vor. Mit nicht geringer Erwartung konnten wir diesmal dem Echo auf das Generalthema der Veranstaltung entgegenblicken, weil ein im Mittelpunkte der wissenschaftlichen wie der öffentlichen Diskussion stehendes Thema möglicherweise nicht nur Zustimmung finden, sondern auch eine skeptische Gegenfrage provozieren würde, ob die Wissenschaft schon so weit sei, um über dieses Thema Weiterführendes oder gar Abschließendes auszusagen.

Die überaus starke Anteilnahme der Öffentlichkeit an den einzelnen Vorträgen, die sich nicht nur in den Besucherzahlen, sondern auch in den Diskussionen niederschlug, hat uns die Gewißheit gegeben, daß es solchen Veranstaltungen durchaus angemessen sein kann, Themen zu wählen, denen nicht nur eine immerwährende Bedeutung, sondern auch eine tagesbezogene Aktualität innewohnt.

Daß dieses so befriedigende Ergebnis zustande kam, ist zunächst und in erster Linie den Herren Referenten zu danken, die nicht nur das Allgemeine wie das Spezielle der Thematik ausbreiteten, die vielmehr auch mit wünschenswerter und erfreulicher Offenheit tagespolitische Fragen diskutierten. Gerade dies hat der Veranstaltung einen besonderen Akzent verliehen. So sei den Herren Referenten an dieser Stelle der Dank der Fakultät wie auch der Zuhörerschaft ausgesprochen.

Ein großer Dank gebührt weiterhin den Kollegen, die sich der Vorbereitung dieser Veranstaltung angenommen haben in einem Zeitpunkte, an dem man vielleicht die so unmittelbare Bedeutung des Themas noch gar nicht hatte voraussehen können. Genannt seien hier mein Amtsvorgänger, Herr Professor Recktenwald, und die Mitglieder der vorbereitenden Kommission, die Kollegen Dürr, Ronneberger und Sieber. Die

Vorbereitung und Überwachung der Veröffentlichung lag wie bisher in den Händen eines bewährten Herausgebergremiums. Hier ist vor allem Herr Kollege Linhardt zu nennen, der die vielfältigen Arbeiten tatkräftig erledigte.

An letzter Stelle, deshalb aber mit nicht geringerer Aufrichtigkeit, sei der Verlag Duncker & Humblot angesprochen, dessen entgegenkommende Unterstützung wir immer aufs Neue dankbar empfinden.

Specht
Dekan

Inhalt

Vorwort 5
   Von Professor Dr. *Karl Gustav Specht*

Das Phänomen der schleichenden Inflation 9
   Von Professor Dr. *Heinz Sauermann*,
   Universität Frankfurt/M.

Wirtschafts- und finanzpolitische Maßnahmen zur Bekämpfung einer schleichenden Inflation 27
   Von Professor Dr. Dr. h. c. Dr. h. c. Dr. h. c. *Fritz Neumark*,
   Universität Frankfurt/M.

Gesellschaftspolitische Aspekte der Geldentwertung 47
   Von Professor Dr. *Gottfried Eisermann*,
   Universität Bonn

Unternehmensführung und Geldentwertung 69
   Von Professor Dr. *Herbert Hax*,
   Universität Saarbrücken

Das Phänomen der schleichenden Inflation

Von Heinz Sauermann

Die schleichende Inflation ist das Inflationsphänomen unserer Zeit. Sie ist von allen uns bekannten Inflationserscheinungen offener oder preisgestoppter Inflationen deutlich zu unterscheiden. Sie läßt sich schwer definieren, weil ihre Merkmale und Ursachen noch keineswegs eindeutig feststehen. Es handelt sich um das Phänomen der seit dem 2. Weltkrieg zu beobachtenden allgemeinen Preissteigerung. Sie ist mehr oder weniger ausgeprägt in den Ländern der westlichen Welt zu beobachten, also in den Ländern, in denen keine Planwirtschaft im Sinne der Regelung des Wirtschaftsablaufs durch staatliche Anordnungen und Pläne besteht. Da die Inflationsrate verhältnismäßig klein ist und nur etwa zwischen 1 und 3 Prozent liegt, spricht man von der schleichenden Inflation. Da die Erhöhung des Preisniveaus nur in seltenen Fällen Unterbrechungen aufweist, besteht eine gewisse Berechtigung, von einer langlebigen Erscheinung zu sprechen und sie als säkulare Preissteigerung zu bezeichnen. Solange die Inflationsraten klein waren, wurde ihnen weniger Beachtung geschenkt. Eine Erhöhung der Inflationsrate führt zu Beunruhigungen, besonders in einem Lande mit aus schlechten Erfahrungen geschärftem Inflationsbewußtsein.

Die schleichende Inflation ist ein Phänomen, das man früher nicht gekannt hat. Zwar hat es früher auch allgemeine Preissteigerungen gegeben, doch waren sie in der Regel nur von kurzer Dauer. Im Ablauf des konjunkturellen Prozesses folgten den etwa in der Mitte des Booms eintretenden Preissteigerungen nach dem oberen Wendepunkt deutliche Preisniveausenkungen. Seit dem Ende des 2. Weltkrieges sind diese Konjunkturschwankungen im wesentlichen nicht mehr aufgetreten. Das heißt nicht, daß wir keine konjunkturellen zyklischen Bewegungen mehr beobachtet hätten, in denen das Sozialprodukt schneller oder langsamer gewachsen ist. Aber Rückgänge des Preisniveaus sind ebenso wie Beschäftigungslosigkeit größeren Umfangs im wesentlichen nicht mehr zu verzeichnen. Und selbst da, wo Arbeitslosigkeit aufgetreten ist, wie in den Vereinigten Staaten, ist das Preisniveau nicht gesunken, sondern merklich angestiegen. Es läßt sich mit einiger Berechtigung sagen, daß an die Stelle des Beschäftigungsproblems der zwanziger Jahre das Problem der dauernden Preisniveausteigerung getreten ist.

Die Aufgabe meines Vortrages ist es, die Probleme der andauernden allgemeinen Preissteigerung der Nachkriegszeit zu behandeln. Diese Aufgabe ist eine rein analytische. Die noch folgenden Vorträge werden sich mit den Maßnahmen zur Inflationsbekämpfung und den soziologischen und einzelwirtschaftlichen Implikationen der schleichenden Inflation befassen. Wir können also diese Probleme aus unseren Überlegungen ausschließen, weil allein die Analyse des Phänomens einer schleichenden Inflation genügend schwierige Fragen aufwirft und kontroverse Interpretationsmöglichkeiten zuläßt.

Wir wollen uns zuerst etwas eingehender mit den Tatsachen befassen, um anhand der Zahlen festzustellen, wie im einzelnen die allgemeine Preisbewegung seit Ende des zweiten Weltkrieges verlaufen ist. Uns interessieren natürlich nicht die Einzelpreise und ihre Entwicklung, sondern das Preisniveau, d. h. der gewogene Durchschnitt aller Preise. Hier nun beginnen schon die Probleme, weil man sich fragen muß, mit welchem Preisindex *das* Preisniveau gemessen werden soll. Der übliche, wenn man so sagen darf: klassische Preisindex ist der Index der Lebenshaltungskosten, der meistens in den Diskussionen und den Bemühungen um eine Geldwertstabilisierung zugrunde gelegt wird und den wir im folgenden auch verwenden werden. Gleichwohl hat dieser Preisindex erhebliche Nachteile, so daß man vorgeschlagen hat[1], den Preisindex für das Sozialprodukt, wie er in Verbindung mit den volkswirtschaftlichen Gesamtrechnungen errechnet wird, als geeigneten Maßstab zu benutzen. Vom wissenschaftlichen Standpunkt aus ist der Preisindex für das gesamte Sozialprodukt, ganz abgesehen von der Schwierigkeit und Problematik der Berechnung eines solchen Index, gewiß der vernünftigere Maßstab, weil er nicht nur die Güter des privaten Verbrauchs, sondern auch die Investitionsgüter und Staatsdienste umfaßt und außerdem die Importgüter nicht enthält, so daß einerseits die unterschiedlichen Preistrends der inländischen Produktion berücksichtigt werden, dagegen andererseits die Veränderung der Importgüterpreise unberücksichtigt bleibt. Wenn wir trotzdem den Index der Lebenshaltungskosten zugrunde legen werden, so folgen wir einer Überlegung von Gottfried *Bombach*, daß die handelnden Personen kaum etwas von dem abstrakten Bruttosozialproduktindex wissen wollen und ihren Dispositionen den Preisindex der Lebenshaltungskosten zugrunde legen. Steigt der Lebenshaltungskostenindex, so glauben die Wirtschaftssubjekte, daß Inflation herrscht, und handeln dementsprechend, d. h. inflationsbewußt. Mit anderen Worten: Die Neigung, Vermögen in Geldform zu halten, nimmt ab.

---

[1] G. *Bombach*: Ursachen der Nachkriegsinflation und Probleme der Inflationsbekämpfung, in: Stabile Preise in wachsender Wirtschaft. Das Inflationsproblem. Erich Schneider zum 60. Geburtstag. Tübingen 1960, S. 188 f.

Und damit stellt sich der Zustand ein, der eine sich selbst generierende inflationistische Entwicklung herbeiführt.

Zunächst wollen wir zu der Frage nach der tatsächlichen zahlenmäßigen Preisniveaubewegung zurückkehren. Indem wir den Preisindex der Lebenshaltungskosten wählen, sind wir uns darüber klar, daß wir mit einem Konsumgüterpreisindex arbeiten, der für einen repräsentativen Warenkorb eines Normalhaushaltes gilt und mengenmäßig gewichtet ist. Man muß sich diesen Sachverhalt nur hinreichend klarmachen, um zu erkennen, daß infolge der ständigen Veränderungen, sowohl der mengenmäßigen Relationen als auch der qualitativen Eigenschaften der Güter, sich für eine exakte Indexermittlung unüberwindliche Schwierigkeiten ergeben. Wir können die Indexwerte nur als Notbehelfsmaßgrößen für generelle Preisentwicklungen betrachten.

Indem wir uns über alle Probleme und Bedenken hinwegsetzen, betrachten wir die Entwicklung des Lebenshaltungskostenindex in der Bundesrepublik. Nach der Berechnung des Statistischen Bundesamtes[2], bezogen auf das Jahr 1962 als Basisjahr, hat sich der Preisindex für die Lebenshaltung in der Zeit von 1945 bis 1965, also in den ersten zwanzig Jahren der Nachkriegszeit, von 58,8 auf 109 erhöht. Das heißt, daß sich innerhalb dieser zwanzig Jahre die Kosten der Lebenshaltung nicht ganz verdoppelt haben. Nach anderen Berechnungen, wie sie im United Nations Statistical Yearbook[3] veröffentlicht worden sind, ergibt sich ein Anstieg der Lebenshaltungskosten um etwas mehr als die Hälfte, woraus schon zu erkennen ist, daß die Auswahl und Gewichtung der in den Index aufgenommenen Güter von großer Bedeutung ist. Die Entwicklung in den einzelnen Jahren war natürlich sehr unterschiedlich, und es ist wichtig, sich klarzumachen, daß die ersten drei Jahre bis zur Währungsreform sowie die folgenden fünf Jahre nach der Währungsreform bis zur Erreichung der Vollbeschäftigung um 1953 wesentlich von der Entwicklung abweichen. Insofern ist es nicht unwichtig, sich ein genaueres Bild zu verschaffen, ohne daß wir uns mit allzu vielen Zahlen langweilen.

---

[2] Vgl. Statistisches Jahrbuch für die Bundesrepublik Deutschland. Hrsg. vom Statistischen Bundesamt. Stuttgart und Mainz 1965.
[3] Statistical Yearbook. Hrsg. von den United Nations. New York 1957, 1962 und 1964.

Preisindex für die Lebenshaltung in der Bundesrepublik Deutschland 1945 bis 1965

(Vier-Personen-Arbeitnehmerhaushalt mit mittlerem Einkommen; 1962 = 100)

Jahr	Index	Veränderung	Phase
1945	58,8		I. Phase: Trotz Bewirtschaftung und Preiskontrollen Anstieg von 58,8 auf 68,7.
1946	64,3	+ 5,5	
1947	68,7	+ 4,4	
1948,1	72,5	+ 13,8	Mit der Währungsreform Sprung nach oben von 68,7 auf 85,1.
1948,2	85,1	+ 2,6	
1949	84,0	− 1,1	II. Phase: Konsolidierung bis zur Erreichung der Vollbeschäftigung.
1950	78,8	− 5,2	
1951	84,9	+ 6,1	
1952	86,7	+ 1,8	Dreimal sinkendes Preisniveau in 1949, 1950 u. 1953
1953	85,1	− 1,6	
1954	85,3	+ 0,2	III. Phase: Dauernder Anstieg des Preisniveaus.
1955	86,7	+ 1,4	
1956	88,9	+ 2,2	1953—1961 im Durchschnitt um 2 Punkte
1957	90,7	+ 1,8	
1958	92,7	+ 2,0	1962—1965 im Durchschnitt um 3 Punkte
1959	93,6	+ 0,9	
1960	94,9	+ 1,3	
1961	97,1	+ 2,2	
1962	100,0	+ 2,9	
1963	103,0	+ 3,0	
1964	105,4	+ 2,4	
1965	109,0	+ 3,6	

Statistical Yearbook der Vereinten Nationen

1959
1960   Inflationsrate jeweils im Durchschnitt 1 %

1961
1962   Inflationsrate jeweils im Durchschnitt 3 %
1963

Aus dem statistischen Material können wir mit aller gebotenen Vorsicht wohl zwei Schlüsse ziehen:
1. Einen dauernden Anstieg des Preisniveaus konstatieren wir für die Bundesrepublik erst seit zwölf Jahren, nämlich ab 1954.
2. Der Preisanstieg hat sich in den Jahren 1961—1965 deutlich verstärkt.

Es ist nicht uninteressant und für spätere Überlegungen wichtig, einen Blick auf die Preisentwicklung in anderen Industrieländern zu werfen. Nach den Zahlen des Statistical Yearbook der Vereinten Nationen, auf die wir uns im folgenden für alle Länder beziehen wollen, hatte Großbritannien in den Jahren von 1949 bis 1957 einen wesentlich stärkeren Preisanstieg als die Bundesrepublik. Seit 1957 ist der Index der Lebenshaltung in ziemlich der gleichen Größenordnung wie bei uns gestiegen. Stagnationen oder gar rückläufige Entwicklungen sind in Großbritannien seit Ende des zweiten Weltkrieges nicht aufgetreten. Wir wollen nicht übersehen, daß das Inflationsproblem in England eben doch schon wesentlich früher, nämlich seit 1949, akut ist.

Die Preisentwicklung in Frankreich von 1948 bis 1952 kann man als ausgesprochene Inflation bezeichnen. Die durchschnittliche Inflationsrate dieser Jahre lag bei 10 Punkten. Die Lebenshaltungskosten haben sich in den wenigen Jahren beinahe verdoppelt. Nach fünf Jahren annähernder Preisstabilität folgt dann eine Preisniveauerhöhung von 13 Punkten im Jahre 1958. Die weitere Preisbewegung verläuft zwar viel ruhiger, jedoch immer noch im Durchschnitt eines jährlichen Preisanstiegs von 5 Punkten. Es ergibt sich eindeutig, daß in Frankreich die allgemeine Preissteigerung viel früher als in der Bundesrepublik begonnen und nach wenigen Jahren der Stabilisierung sich auf einer höheren durchschnittlichen Inflationsrate fortgesetzt hat.

Nur in den Vereinigten Staaten ist im Rahmen der bedeutenden Industrieländer der Preisindex für die Lebenshaltung in wesentlich geringerem Umfange als in der Bundesrepublik gestiegen. Abgesehen von den ersten Nachkriegsjahren mit umfangreichen Preisanpassungen nach Aufhebung der Preiskontrollen gibt es nur drei Jahre mit größeren Preisniveausprüngen: Als Auswirkung der Koreakrise stieg der Lebenshaltungsindex im Jahre 1951 mit 7 Punkten, in den Jahren 1957 und 1958 mit je 3 Punkten. In allen übrigen Jahren wird ein Anstieg mit je einem Punkt ausgewiesen. Nur einmal, im Jahre 1949, ist der Index um einen Punkt abgesunken. Es ist besonders wichtig, festzustellen, daß in den beiden Rezessionen von 1953 und 1957 die Aufwärtsbewegung des Preisniveaus nicht unterbrochen wurde. Die Tatsache, daß das Jahr 1957 trotz der Rezession mit Anwachsen der Arbeitslosigkeit eine beträchtliche Erhöhung des Preisniveaus brachte, wurde zum Anlaß, dem Problem der säkularen Inflation besondere Aufmerksamkeit zu schenken[4]. Wir wollen festhalten, daß, wenn auch aufgrund des Lebenshaltungskostenindex die Geldentwertung in den USA sich geringer als in der Bundesrepublik ausweist, sie doch zeitlich bereits früher eingesetzt hat.

Wir wollen das Bild abrunden, indem wir erwähnen, daß kleinere Länder mit hohem Industrialisierungsgrad, wie etwa Schweden, eine langfristige Preisniveausteigerung aufzuweisen haben, wobei die Preiserhöhungen sich schon durchsetzten, als bei uns in der Bundesrepublik noch Bewegungen nach unten zu verzeichnen waren. Andere Länder dagegen, wie Belgien und die Schweiz, haben anfangs geringe allgemeine Preisbewegungen nach oben aufzuweisen, sind jedoch in den letzten Jahren auch zu höheren Inflationsraten gekommen.

Am Ende meines Berichtes über die statistischen Daten wirft sich ganz natürlich die Frage auf, ob denn der Geldwertschwund der letzten zehn oder zwanzig Jahre von der Bedeutung war, daß man ihn mit dem Terminus „schleichende Inflation" etikettieren sollte. Wir stehen also vor dem Definitionsproblem, das — wenn überhaupt — nur schwer zu lösen ist, andererseits aber auch nicht zu ernst genommen werden sollte. Man kann jenen Autoren zustimmen, die der Auffassung sind, daß es eine wirklich befriedigende und allgemein akzeptierte Definition der Inflation noch nicht gibt und der Begriff der „schleichenden Inflation" daher um so verschwommener ist[5]. Wem es weniger auf den Terminus als auf den Tatbestand ankommt, wird geneigt sein, den Ausdruck „schleichende Inflation" im Sinne einer Arbeitshypothese zu verwenden[6]. In einem solchen Falle muß man natürlich genau angeben, welche Annahmen gemacht werden, wenn von schleichender Inflation gesprochen wird. Ich schlage vor, daß man sich auf folgende hypothetische Voraussetzungen im Falle von Inflationen einigen sollte: Erstens ist davon auszugehen, daß man inflationistische Zustände nur in geldwirtschaftlich organisierten Volkswirtschaften findet. Kraft dieser Annahme wird eindeutig klar,

---

[4] Hierüber berichtet G. *Haberler* in seinem Beitrag zur Konferenz der International Economic Association über Inflation, die im September 1959 in Helsingör stattgefunden hat. Der Beitrag von G. Haberler ist in deutscher Sprache unter dem Titel „Geldinflation, Nachfrageinflation und Kosteninflation" in der obengenannten Festschrift für Erich Schneider veröffentlicht worden (S. 79 ff.). Der Konferenzbericht mit zahlreichen Beiträgen und einem Diskussionsbericht von D. C. *Hague* ist erschienen unter: Inflation, Proceedings of a Conference held by the International Economic Association, ed. by D. C. Hague. London und New York 1962. — Ein sehr anschauliches Bild von der Inflationsdiskussion der 50er Jahre vermittelt auch die Übersicht von M. *Bronfenbrenner* und F. D. *Holzman:* Survey on Inflation Theory, in: The American Economic Review, Bd. 53, Heft 4, September 1963, S. 593 ff.

[5] Vgl. G. *Bombach*, a.a.O., S. 190 f.

[6] Vgl. F. *Neumark:* Schleichende Inflation und Fiskalpolitik. Kieler Vorträge, N. F. 14. Kiel 1959, S. 8.

daß es sich bei Inflation stets um Geldinflation handelt. Die Geldmengenregulierung als solche besteht in einer permanenten Ausdehnung oder Einschränkung der wirksamen Geldmenge und ist deshalb notwendigerweise inflatorisch oder deflatorisch. Zweitens wollen wir unterstellen, daß mit Inflation ein Zustand oder ein Vorgang bezeichnet wird, in welchem die monetäre Gesamtnachfrage größer als das in Geldwerten ausgedrückte Gesamtangebot ist. Bei Deflation wäre entsprechend umgekehrt anzunehmen, daß das monetäre Gesamtangebot die Gesamtnachfrage übersteigt. In jedem Falle aber haben wir einen Zustand des wirtschaftlichen Ungleichgewichtes. Drittens schließlich soll die Hypothese gelten, daß bei Bestehen eines wirtschaftlichen monetären Ungleichgewichtes nicht nur alle Wirtschaftssubjekte sich veranlaßt sehen, ihre Dispositionen zu ändern, sondern auch ein befriedigendes Funktionieren der Gesamtwirtschaft nicht gewährleistet ist, weil aus dem inflationistischen Ungleichgewicht zwei Effekte resultieren. Dabei handelt es sich um den Entschuldungseffekt, der sich daraus herleitet, daß die in nominalen Geldwerten stipulierten Forderungen und Verpflichtungen infolge der Kaufkraftminderung des Geldes zu Änderungen in der *Vermögensverteilung* führen. Und weiterhin handelt es sich um den Unstetigkeitseffekt, der darin zum Ausdruck kommt, daß die Vermehrung der Geldmenge sich nicht proportional auf alle Kassen verteilt, sondern ungleichmäßig und ungleichzeitig den verschiedenen Kassen zufließt, wodurch sich Wirkungen auf die *Einkommensverteilung* ergeben.

Diese Wirkungen auf Vermögens- und Einkommensverteilung sind es vor allen Dingen, die bei der Aufstellung wirtschaftspolitischer Zielfunktionen die Stabilitätsanforderungen für Geldwert bzw. Preisniveau oder Währung an die erste Stelle rücken[7]. Inflationsbekämpfung tritt also heute im Gewande der Stabilisierungspolitik auf. Ihre Problematik liegt vornehmlich darin, die Ursachen und das Ausmaß der Instabilität zu erkennen. Damit sind wir wieder zu unserer Frage zurückgekehrt, ob das Ausmaß der Geldentwertung, mit anderen Worten: die Inflationsrate der Nachkriegszeit, es gerechtfertigt erscheinen läßt, von einem Inflationsphänomen zu sprechen.

Ich bin der Meinung, daß der Inflationsbegriff in unserer Zeit eine gewisse Aufweichung erfahren hat. Früher galt ganz eindeutig, daß eine Inflation nur zustande kommt, wenn hinter ihr eine ganz bewußte und beabsichtigte inflationistische Geldpolitik steht. Es ließ sich verhältnismäßig leicht abschätzen, wer zu den Inflationsinteressenten gehörte: Bekanntlich waren es außer dem Staat auch andere ökonomische Gruppen. Das Phänomen der schleichenden Inflation hat die scharfen Konturen

---

[7] Siehe hierzu auch H. *Haller:* Das Problem der Geldwertstabilität. Stuttgart 1966.

früherer Inflationen nicht mehr aufzuweisen. Hinter ihr steht jedenfalls keine bewußte und beabsichtigte Inflationspolitik. Und es läßt sich nicht mehr sagen, daß es bestimmte Gruppen von Inflationsgewinnern und Inflationsverlierern gibt. Frühere Inflationen mit hohen Inflationsraten waren naturgemäß von relativ kurzer Dauer. Heute dagegen dauert die Preisniveauerhöhung mit geringen Geldentwertungsraten über viele Jahre. Jahrzehnte des ansteigenden Preistrends hat man von 1890 bis zum Beginn des ersten Weltkrieges statistisch ermitteln können, ohne daß man von schleichender Inflation gesprochen hätte. Freilich unterscheidet sich die wirtschaftliche Entwicklung in diesen Zeiten von der Nachkriegsentwicklung, weil der Konjunkturzyklus früher stärker ausgeprägt war und ein ständiges Auf und Ab der Preise mit sich brachte. Gerade diese Tatsache, daß das Preisniveau in den letzten Jahrzehnten keine Abwärtsbewegung, ja nicht einmal eine Stagnation, aufzuweisen hat, ist für viele Beobachter ein wesentliches Kriterium für das Vorliegen einer schleichenden Inflation.

Um die terminologische Verwirrung endgültig zu machen, wird der Terminus „schleichende Inflation" auch noch in verschiedener Wertung verwendet. Man muß zugeben, daß es sich nicht um ein Konzept nüchterner wirtschaftswissenschaftlicher Analyse handelt. Für eine ökonomische Diagnose der Nachkriegsentwicklung könnte man auf den Ausdruck ganz verzichten und von andauernden allgemeinen Preissteigerungen sprechen. Der Begriff „schleichende Inflation" enthält aber zugleich einen Appell, nämlich sich zu entscheiden für oder gegen eine solche Entwicklung. In der Tat ist das Phänomen sehr unterschiedlich beurteilt worden: von manchen als mehr oder weniger zwangsläufige Begleiterscheinung einer wachsenden Wirtschaft bei Vollbeschäftigung, von anderen als Beginn einer galoppierenden Inflation mit allen verheerenden Wirkungen, die Inflationen aufweisen. Hinter diesen verschiedenen Ansichten stehen selbstverständlich ernsthafte Überlegungen. Es erscheint mir deshalb nicht unbillig, wenn wir uns kurz mit ihnen beschäftigen.

Man kann davon ausgehen, daß in der Aufstiegsphase des klassischen Konjunkturzyklus sowohl annähernde Vollbeschäftigung erreicht als auch eine generelle Preissteigerung eingetreten ist. Die Überlegung geht nun dahin, daß bei permanenter Vollbeschäftigung kaum erwartet werden könne, daß sich das Preisniveau anders entwickelt als bei vorübergehender Vollbeschäftigung. Das steigende Preisniveau erscheint also als unausweichliche Begleiterscheinung der Vollbeschäftigungspolitik. Im Vergleich mit den Auswirkungen eines relativ konstanten Preisniveaus durch Preisverfall im Konjunkturzyklus, nämlich Produktionsrückgang und Massenarbeitslosigkeit, muß der langsame Preisniveauanstieg als Preis der Vollbeschäftigungspolitik vorgezogen werden. Freilich ist ein echter Zielkonflikt zwischen Preisniveaustabilität und annähernder Vollbeschäftigung nicht ausgeschlossen. Er wird so lange kaum akut werden, solange der Preis der Geldentwertung als verhältnismäßig gering angesehen wird. Bei einer jährlichen Preisniveauerhöhung von durchschnittlich 2 oder 3 Punkten wird im allgemeinen das Ziel der Preisniveaustabilisierung hinter dem Vollbeschäftigungsziel zurückstehen, zumal unterstellt wird, daß mit voller Beschäftigung des Produktionspotentials eine ständige Ausweitung der Produktion und damit eine bessere Versorgung einhergeht.

Es stellt sich natürlich die Frage, ob die Erfahrung aus Hochkonjunkturen ausreicht, um als Hypothese für einen strikten Zusammenhang zwischen Preissteigerung und Vollbeschäftigung zu dienen. Daß die Erfahrungen keinen Beweis liefern, ergibt sich schon daraus, daß uns Konjunkturaufschwünge bekannt sind, in denen Preissteigerungen von nur mäßigem Ausmaß aufgetreten sind. Darüber hinaus aber ist darauf hinzuweisen, daß wir es in der Nachkriegszeit kaum mit einer wirtschaftlichen Situation zu tun haben, die man als permanente Hochkonjunkturphase bezeichnen kann. Die Konjunkturbewegung der Nachkriegszeit ist dadurch charakterisiert, daß es keinen steilen Aufstieg und Abstieg gibt, und es läßt sich keine Korrelation zwischen Preisbewegung und konjunktureller Bewegung feststellen. In dem Dilemma-Problem[8] zwischen Preisstabilität und Vollbeschäftigung läßt sich also keine zwangsläufige Koppelung nachweisen.

Eine etwas andere Argumentation knüpft an das Wachstumsargument an. Dabei wird unterstellt, daß eine in Grenzen gehaltene kontrollierte Inflation das wirtschaftliche Wachstum beschleunige. Diese Zusammenhänge zwischen trendmäßigem Preisanstieg und Zuwachsrate des Sozialprodukts sind Gegenstand vieler äußerst interessanter Untersuchungen gewesen[9]. Als Ergebnis hat sich herausgestellt, daß ein ständiger Preisanstieg keinesfalls notwendig für das wirtschaftliche Wachstum ist. Wir werden auf diesen Punkt nochmals zurückkommen, doch können wir hier schon festhalten, daß sich Beispiele sowohl positiver als auch negativer Korrelationen empirisch feststellen lassen. Mit anderen Worten: Es gibt Volkswirtschaften, die ohne Inflation hohe Wachstumsraten, und solche, die hohe Inflationsraten ohne nennenswertes wirtschaftliches

---

[8] Über das Dilemma-Modell und den mit Hilfe der Phillips-Kurve beschriebenen Zusammenhang zwischen Geldlohnerhöhung und Beschäftigungslosigkeit vgl. die Ausführungen von *Bronfenbrenner* und *Holzman*, a.a.O., S. 626 ff.

[9] Hier sei verwiesen auf: A. W. *Phillips:* Employment, Inflation, Growth, in: Economica, Febr. 1962, Bd. 29, S. 1—17; R. *Schilcher:* Inflation und Wirtschaftswachstum, in: Beiträge zur ökonomischen Theorie und Politik, Berlin 1964; J. W. *Conrad:* Inflation, Growth and Employment. A Series of Research Studies prepared for the Commission on Money and Credit. Englewood Cliffs 1964; G. S. *Dorrance:* Inflation and Growth, in: International Monetary Fund Staff Papers, 1966, S. 287 f.

Wachstum aufzuweisen haben. Es wäre jedoch völlig verfehlt, daraus den Schluß zu ziehen, daß nun gar keine Zusammenhänge zwischen Wachstum und Preisbewegung bestehen. Nur sind sie nicht so einfach, daß man folgern könnte, eine schleichende Inflation sei eine notwendige Voraussetzung des Wachstums, wobei man allerdings auch nicht übersehen sollte, daß eine Verminderung des Wachstums ein untaugliches Mittel zur Inflationsbekämpfung ist[10].

Schließlich kann das Problem der sinkenden Kaufkraft des Geldes auch dadurch bagatellisiert werden, daß auf den Zusammenhang wachsender Wirtschaft mit schleichender Inflation und wachsendem Realeinkommen hingewiesen wird. Steigendes Preisniveau in einer wachsenden Wirtschaft bedeutet keineswegs eine zwangsläufige Verminderung des Realeinkommens. Das Realeinkommen würde sich nur dann verringern, wenn entweder das Geldeinkommen gleichbleibt oder seine Veränderung hinter der Steigerung des Preisniveaus zurückbleibt. Ganz eindeutig hat sich aber das Geldeinkommen stärker erhöht als das Preisniveau. Das Realeinkommen ist also trotz Preissteigerungen gestiegen. Man kann auch nicht argumentieren, daß das Realeinkommen noch stärker gestiegen wäre, wenn die Preisstabilität gewahrt wäre. Bei Preisniveaustabilität wäre nämlich das Geldeinkommen weniger stark gestiegen, und zwar möglicherweise in einem Ausmaße, das das Realeinkommen relativ unterproportional hätte ansteigen lassen. Nur diejenigen, deren Geldeinkommen hinter dem allgemeinen Preistrend zurückgeblieben ist, können die Realeinkommensminderung als Argument für Preisniveaustabilität aufstellen — und das ist gewiß nur eine kleine Gruppe.

Das Ziel der Preisniveaustabilität in einer wachsenden Wirtschaft läßt sich also nicht aus der Diskrepanz zwischen Geld- und Realeinkommen herleiten. Vielmehr sind es die Wirkungen der Preisniveausteigerung auf die Veränderungen der Einkommensverteilung, die die Forderung nach stabilen Preisen begründen.

Wir wollen damit die Diskussion der unterschiedlichen Bewertung des Phänomens der schleichenden Inflation abschließen und fassen nochmals zusammen: Andauernde und intermittierende Preisniveausteigerungen lassen sich weder mit dem Vollbeschäftigungs- noch mit dem ökonomischen Wachstumsargument begründen. Anderseits läßt sich das Postulat auf Preisniveaustabilität nur aus den Wirkungen von Preisniveausteigerungen vertreten. Eine allgemeine Preisniveausteigerung kann nur unter Bedingungen, die, wie sich noch zeigen wird, unrealistisch sind, hingenommen werden. Ich möchte daraus den Schluß ziehen, daß wir es bei den anhaltenden Preissteigerungen unserer Tage mit einem Inflationsproblem sui generis zu tun haben. Diese Eigenart unseres Problems

---

[10] Worauf besonders G. *Bombach* hingewiesen hat, a.a.O., S. 193.

resultiert aus der besonderen Struktur der Nachkriegswirtschaft. Wir wollen uns abschließend fragen, was die Nationalökonomie zur Erkenntnis der Zusammenhänge schleichender Inflationsprozesse beigetragen hat und beitragen kann.

Die wirtschaftstheoretische und wirtschaftspolitische Literatur über unseren Gegenstand ist außerordentlich groß, kaum noch zu übersehen und in ständigem Steigen begriffen[11]. Es läßt sich jedoch nicht behaupten, daß die literarische Beschäftigung mit dem Phänomen der schleichenden Inflation bislang zu einer befriedigenden Erklärung geführt hat. Als *Bronfenbrenner* und *Holzman* im Jahre 1963 ihren Survey of Inflation Theory in der American Economic Review veröffentlichten, konnten sie nur feststellen, daß ihre Arbeit mehr ein Führer durch ein Chaos (guide through chaos) als eine systematische Darstellung sei[12]. Die Situation hat sich in den vergangenen Jahren nicht grundsätzlich geändert. Wir besitzen immer noch keine einheitliche und geschlossene Theorie der Inflation, und es liegt auf der Hand, daß es dafür im wesentlichen zwei Gründe gibt, die einmal in der Natur — oder Kompliziertheit — des Phänomens und zum anderen im derzeitigen Stand der Wirtschaftswissenschaft zu suchen sind.

Angesichts der Entwicklung der Wirtschaftswissenschaften in den letzten dreißig Jahren ist man versucht, von einer Renaissance der Wirtschaftstheorie zu sprechen. Neben der statischen makroökonomischen Theorie ist die Mikrotheorie verfeinert und ausgebaut, die dynamische Theorie durch Konjunkturmodelle bereichert und durch die ökonomische Wachstumstheorie ergänzt worden. Verständlicherweise hat die statische Theorie nach Gleichgewichtslösungen gesucht und die dynamische Theorie Stabilitätskriterien für Wirtschaftsabläufe erforscht. Nur auf diesem Wege konnte man erwarten, zu eindeutigen Lösungen des Systems zu kommen. Da man niemals „nie" sagen soll, möchte ich nicht behaupten, daß es eine Theorie des wirtschaftlichen Ungleichgewichts und der ökonomischen Instabilität nicht geben wird. Jedenfalls verfügen wir aber noch nicht über eine solche Theorie. Es darf uns deshalb nicht verwundern, wenn sich die wirtschaftstheoretische und wirtschaftspolitische Diskussion des Inflationsproblems nach dem letzten Weltkrieg nur darum gedreht hat, eine Kosteninflation von einer Nachfrageinflation zu unterscheiden[13]. Es besteht kein Zweifel, daß das Resultat dieser wissenschaftlichen Bemühungen ziemlich dürftig ist. *Bombach*[14] hat unter Berufung auf F. A. *Holzman* mit Recht darauf hingewiesen, daß der Streit

---

[11] Der Übersichtsaufsatz von *Bronfenbrenner* und *Holzman* aus dem Jahre 1963 führt bereits 183 Veröffentlichungen auf.
[12] M. *Bronfenbrenner* und F. D. *Holzman*, a.a.O., S. 594.
[13] Vgl. u. a. G. *Haberler*, a.a.O., S. 97 f.
[14] G. *Bombach*, a.a.O., S. 194.

um demand-pull- und cost-push-Inflationen auf die berühmte Frage hinauslaufe, was zuerst war: die Henne oder das Ei? Die Beobachtungszeiträume sind meistens viel zu klein, um eindeutig ermitteln zu können, daß die Preissteigerungen durch Lohndruck oder durch Nachfragesog zustande gekommen sind, ganz abgesehen davon, daß vermutlich beide zusammenwirken. Wichtig aber ist, daß beide eine Erklärung finden. In dieser Beziehung verdanken wir *Holzman*[15] und *Bombach*[16] eine wichtige Differenzierung. Nachfragesog und Kostendruck sind Ausdruck dafür, daß wirtschaftliches Ungleichgewicht besteht. Aber die Ungleichgewichte haben nicht den gleichen Charakter. Bei Nachfragesog handelt es sich um eine Gleichgewichtsstörung zwischen Angebot und Nachfrage, weil er auf eine monetäre Übernachfrage zurückgeführt werden kann. Beim Kostendruck dagegen handelt es sich um gleichgewichtslose Märkte, bei den Löhnen unter den Bedingungen des bilateralen Monopols, bei anderen Gütern mit administrierten Preisen um Oligopolmärkte.

Wir fragen uns, was die Theorie zur Erklärung von Gleichgewichtsstörungen und gleichgewichtslosen Märkten beigetragen hat. Im Rahmen der von *Keynes* begründeten makroökonomischen Gleichgewichtstheorie kennen wir das „Theorem der inflatorischen Lücke"[17]. Es läßt sich leicht zeigen, daß mit Hilfe dieses Theorems unser Problem der schleichenden Inflation, aber auch das Inflationsproblem schlechthin, nicht gelöst werden kann. Zur Explikation verwenden wir ein bekanntes Diagramm.

In einem Koordinatensystem tragen wir auf der Abszisse das Gesamteinkommen (Y), auf der Ordinate die Gesamtausgaben oder die Gesamtnachfrage ein, die sich aus den Konsumausgaben C, den Investitionsausgaben I und den Ausgaben der öffentlichen Haushalte, den sogenannten Regierungsausgaben (G), ergeben (C + I + G). Wir gehen davon aus, daß zu irgendeinem Zeitpunkt bei einem gegebenen Preisniveau Gleichgewicht besteht, d. h. mit einer bestimmten Gesamtkapazität ein bestimmtes Gesamtrealeinkommen erzielt worden ist. Der Gleichgewichtspunkt muß auf der Winkelhalbierenden liegen, weil diese der geometrische Ort aller Punkte ist, für die Gleichgewicht zwischen Volkseinkommen (Y) und Gesamtnachfrage (C + I + G) besteht. Wenn wir weiterhin annehmen wollen, daß die Gesamtnachfrage größer als das Gesamtangebot ist, dann muß die Gesamtnachfragekurve oberhalb des angenommenen Gleichgewichtspunktes liegen. Die Gestalt der Gesamtnachfragekurve ergibt sich

---

[15] F. D. *Holzman*: Inflation: Cost-Push and Demand-Pull, in: American Economic Review, Bd. 50, 1960, S. 21.

[16] G. *Bombach*, a.a.O., S. 195.

[17] Dieser Zusammenhang ist in allen neueren Lehrbüchern dargestellt: Erich *Schneider*: Einführung in die Wirtschaftstheorie, Bd. III, 6. Aufl., 1961, S. 139 f.; H. *Sauermann*: Einführung in die Volkswirtschaftslehre, Bd. I, 2. Aufl., 1965, S. 173.

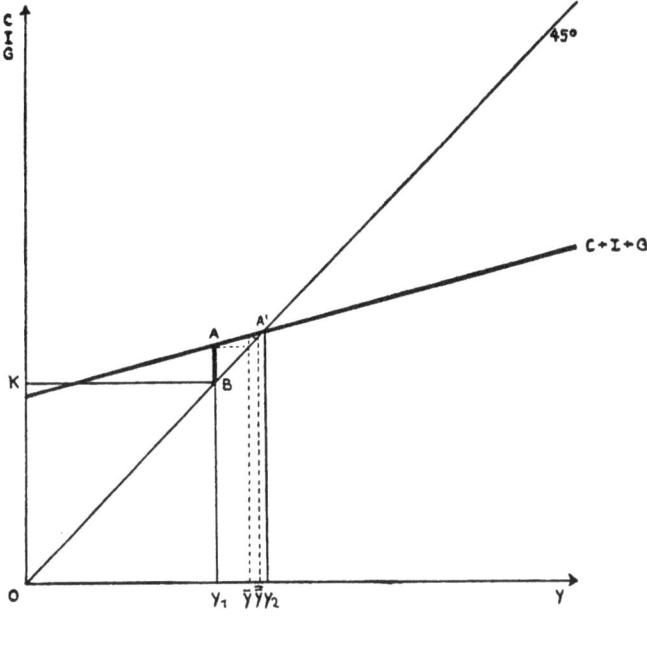

Abbildung 1

aus folgenden Hypothesen: Investitions- und Regierungsausgaben sind vorgegeben, die Konsumausgaben sind eine Funktion des Volkseinkommens, und zwar annahmegemäß in der Weise, daß der Grenzhang zum Verbrauch keiner als 1 ist ($C = a + bY$; $b < 1$). Die Kurve der Gesamtnachfrage verläuft also weniger steil als die Winkelhalbierende.

Aufgrund unserer Annahme erhalten wir eine inflatorische Lücke, die wir mit AB bezeichnen wollen. Um dieses Stück AB ist die Gesamtnachfrage größer als das Angebot. Die Strecke AB kann verkürzt werden, wenn die Regierungsausgaben verkleinert, die Steuern erhöht oder durch Einschränkung des Geldangebots die Investitionsausgaben reduziert werden. Falls nichts dergleichen geschieht, wird sich ein Anpassungsprozeß an das neue Gleichgewicht in A' nach theoretisch unendlich vielen, praktisch jedoch nach wenigen Schritten einstellen, wobei die Inflationsrate stufenweise zurückgeht, wie sich aus dem kleiner werdenden Abstand zwischen Winkelhalbierender und Gesamtausgabenkurve in Y_1, $\bar{Y}$ und $\bar{\bar{Y}}$ ergibt (wobei $\bar{Y}$ und $\bar{\bar{Y}}$ als zwei Übergangszustände charakterisiert sind). Man sieht, daß mit diesem Modell die Wirklichkeit inflatorischer Prozesse nicht erklärt werden kann.

Für die Erklärung von Inflationsprozessen wäre es viel einleuchtender, wenn sich im Modell die inflatorische Lücke nicht schließt, sondern offen bleibt und sich möglicherweise vergrößert. Es wäre also anzunehmen, daß die Gesamtausgaben im Zeitpunkt des Auftretens des monetären Nachfrageüberhangs sich verändern, so daß die Gesamtnachfragekurve einen Knick erhält. Wir können das kurz skizzieren, indem wir die Achsenbezeichnungen unseres Diagramms verändern. Auf der Abszisse tragen wir das Preisniveau P und auf der Ordinate das gesamte Geldeinkommen Y und die gesamten Geldausgaben E ab (E = C + I + G).

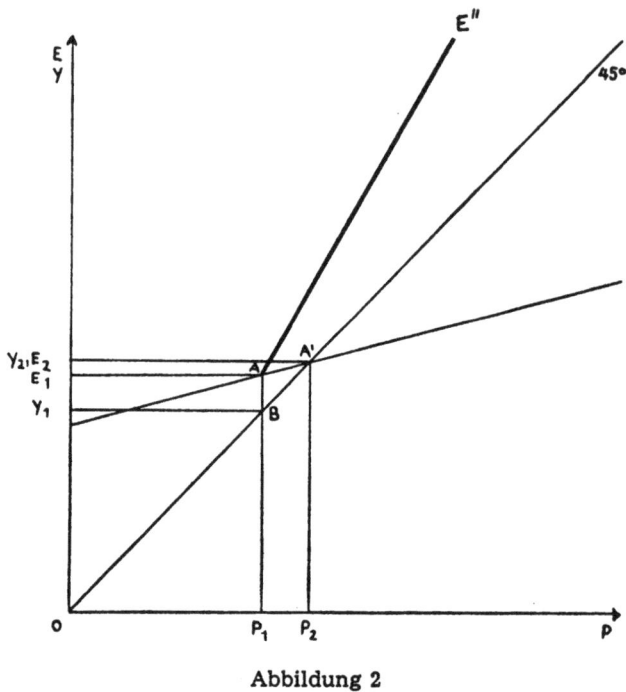

Abbildung 2

Die Gerade AE" würde damit jene Ausgabenkurve sein, die sich aus der Veränderung der Regierungsausgaben, der Investitionsausgaben und des Grenzhangs zum Verbrauch ergibt. Über Lage und Gestalt der inflationistischen Ausgabenkurve sagt uns allerdings die Theorie noch nichts, da sie keine Hypothesen über das Inflationsverhalten von Haushalten, Unternehmern und öffentlicher Hand enthält. Kompliziertere Modelle dieser Art mit Verhaltensgleichungen für Konsumenten, Unternehmer und Regierung sind von *Lovell* und *Paunio* entwickelt worden[18].

---

[18] *J. J. Paunio:* A Study in the Theory of Inflation. Helsinki 1962; M. C. *Lovell:* A Keynesian Analysis of Forced Saving, Cowles Foundation Manuscript. New Haven 1962.

Ein anderer Ansatz zur Bewältigung unseres Problems kommt aus der Wachstumstheorie. Hier wird von vornherein der Versuch, die Gleichgewichtstheorie als geeigneten Ansatz für die Erklärung von Inflationsproblemen zu verwenden, skeptisch betrachtet. Ausgangspunkt ist die Annahme einer langfristigen Gleichgewichtsstörung zwischen Angebot und Nachfrage bzw. ständiger Störung des Gleichgewichts zwischen Ersparnis und Investition. Die Untersuchung erstreckt sich dann insbesondere auf die speziellen Bedingungen, die erfüllt sein müssen, wenn unter der Voraussetzung, daß I größer als S ist, eine wirtschaftliche Entwicklung unter Aufrechterhaltung der Preisstabilität möglich ist. Hier ist nicht der Ort und die Gelegenheit, auf diese Modelluntersuchungen näher einzugehen. Dagegen möchte ich auf das von ähnlichen Ansätzen ausgehende Räsonnement kurz eingehen, das uns Heinz *Haller*[19] in seiner kürzlich veröffentlichten lesenswerten Schrift über das Problem der Geldwertstabilität vorgelegt hat. Unter anderem versucht *Haller*, die möglichen Zusammenhänge zwischen Wirtschaftswachstum und Preisniveau zu analysieren, immer unter der Voraussetzung, daß unsere Nachkriegswirtschaft dadurch charakterisiert ist, daß wir ein ständiges (nicht stetiges) Wachstum ohne bemerkenswerte konjunkturelle Ausschläge nach oben oder unten haben. Ständiges Wachstum heißt, daß die Nettoinvestition positiv ist. Man kann sich nun Gedanken machen, was bei einer ständig, d. h. exponentiell wachsenden Wirtschaft geschehen wird, wenn man annimmt, die Geldmenge werde konstant gehalten. Das Durchdenken dieses zwar unrealistischen Falles eines permanenten Deflationsprozesses ist äußerst instruktiv, doch wollen wir wegen seiner Wirklichkeitsferne nicht darauf eingehen. Zur Stabilisierung des Preisniveaus in einer wachsenden Wirtschaft muß davon ausgegangen werden, daß die Geldmenge nicht konstant bleibt, sondern expandiert. Wenn man nun weiter untersucht, welche Bedingungen erfüllt sein müssen, damit der Geldmengenzuwachs gerade so groß ist, daß er einerseits der ökonomischen Wachstumsrate entspricht und andererseits in seinen Wirkungen auf das Preisniveau neutral bleibt, so erkennt man verhältnismäßig leicht, daß diese Bedingungen alle gleichzeitig in der Realität nicht vorliegen, woraus der Schluß gezogen werden kann, daß eine Politik der Geldwertstabilität erforderlich ist.

Es sei nun auf einige wichtige Voraussetzungen hingewiesen. Wenn wir nicht von einem geschlossenen System ohne Beziehungen zum Ausland ausgehen, muß vorausgesetzt werden, daß im Ausland Wachstums- und Inflationsrate derjenigen der ohne Preisdruck wachsenden Wirtschaft im Inland völlig entsprechen. Ist die Inflationsrate im Ausland höher, so wächst infolge des Exportüberschusses des Inlandes die innere

---

[19] H. *Haller*, a.a.O., S. 21 ff.

Liquidität. Auswirkungen auf das Preisniveau können dann nur aufgefangen werden, wenn es möglich ist, den Außenwert des Geldes, d. h. den Wechselkurs, entsprechend zu variieren. Damit dieser Mechanismus reibungslos funktioniert, kann man nicht mit intermittierenden Aufwertungen operieren, sondern nur mit prinzipiell freien, flexiblen Wechselkursen. Wir erkennen ohne weiteres, daß bei den zeitweilig sehr hohen Zahlungsbilanzüberschüssen ein Teil des Preisdrucks in der Bundesrepublik als sogenannte importierte Inflation betrachtet werden kann[20].

Eine zweite wichtige Voraussetzung für eine wachsende Wirtschaft ohne Preisauftrieb besteht darin, daß Geldexpansion und Zuwachs des Sozialprodukts *simultan* sich vollziehen müssen. Wenn etwa zeitliche Verzögerungen auftreten, indem zwischen Erstellung des Produkts oder Einkommensentstehung und Einkommensempfang ein time lag vorliegt, wie es ja im allgemeinen der Fall ist, dann entsteht eine Nachfragelücke, die durch zusätzliche Kreditschöpfung geschlossen werden muß, damit der Wachstumsprozeß bei konstantem Preisniveau ungestört abläuft.

Drittens kann man nicht davon ausgehen, daß der Produktivitätsfortschritt in allen Branchen und Stufen der Produktion gleichmäßig ist. In Bereichen mit schwachem Produktivitätsfortschritt, wie etwa im Dienstleistungsgewerbe, nimmt die relative Knappheit des Angebots stärker zu als in Bereichen mit hohem Produktivitätsfortschritt.

Viertens kann Preisstabilität in wachsenden Wirtschaften ohne besondere Schwierigkeiten nur dann erzielt werden, wenn das gesamte Preissystem eine gewisse Flexibilität der Preise auch nach unten hat. Der Bereich der gleichgewichtslosen Märkte ist nach dem zweiten Weltkrieg gewiß nicht kleiner geworden. Je mehr man sich daran gewöhnt, daß bestimmte Preise sich nur nach oben verändern können, um so mehr wird man es als selbstverständlich empfinden, die erwartete Preiserhöhung in den Dispositionen vorwegzunehmen, womit sich der Inflationsdruck weiterhin verstärken würde.

Diese Vermutung ist freilich nur eine Annahme, eine Hypothese. Über das tatsächliche Entscheidungsverhalten der Wirtschaftssubjekte wissen wir bislang sehr wenig. Hier steht die Forschung noch am Anfang. Wie die Preise auf gleichgewichtslosen Märkten determiniert sind, ist für uns — so müssen wir offen zugeben — weitgehend ein Geheimnis. Die Oligopoltheorie liefert ein anschauliches Beispiel dafür, daß selbst bei einfachen Verhaltenshypothesen, wie sie etwa dem *Krelleschen* Modell zugrunde liegen (keine Kampfstrategie, aber Aufrechterhaltung des bisherigen Gewinns), keine eindeutigen Lösungen gefunden werden kön-

---

[20] Vgl. hierzu auch H. *Sauermann:* Wodurch wird die Kaufkraft des Geldes bestimmt?, in: Vom Wert des Geldes. Stuttgart 1961, insbes. S. 18 ff.

nen[21]. Es ist, wie mir scheint, ein ernstes Problem, daß wir unser Erfahrungswissen durch unmittelbare Beobachtung der wirtschaftlichen Wirklichkeit in dieser Hinsicht deshalb nicht erweitern können, weil die Zusammenhänge nur sehr schwer, wenn überhaupt, der unmittelbaren Beobachtung zugänglich sind. Wir können nur hoffen, daß die bisher wenig bekannte experimentelle Wirtschaftsforschung uns weitere Aufschlüsse auch über das Inflationsverhalten der Wirtschaftssubjekte geben kann.

Damit bin ich am Ende meiner Ausführungen. Das Ergebnis meines Versuchs einer Analyse der schleichenden Inflation läßt sich in wenigen Sätzen zusammenfassen: Die andauernden Preiserhöhungen unserer Zeit erklären sich einmal aus dem Mangel einer internationalen Kooperation bzw. der Nichtexistenz flexibler Wechselkurse, zweitens aus der Zwangsläufigkeit zusätzlicher Kreditschöpfung zur Korrektur oder Schließung von Nachfragelücken in einer wachsenden Wirtschaft und drittens aus der Tatsache des Bestehens gleichgewichtsloser Märkte, auf denen die Preisbildung nicht determiniert ist, sondern machtpolitisch ausgetragen wird. Die Wirkungen einer solchen schleichenden Inflation haben wir kurz berührt. Dabei habe ich die Frage der Wirtschaftsrechnung unerwähnt gelassen, weil sie mir bei dem Ausmaß des derzeitigen Preisauftriebs nicht wichtig genug erscheint. Aber es bleibt die Tatsache, daß Vermögens- und Einkommensverteilung im Prozeß der schleichenden Inflation verändert werden, woraus sich die Rechtfertigung herleitet, Maßnahmen zur Bekämpfung der schleichenden Inflation zu ergreifen. Das aber ist das Thema des nächsten Vortrags.

---

[21] Vgl. W. *Krelle: Preistheorie.* Tübingen und Zürich 1961, S. 247 ff.; vgl. ebenfalls H. *Sauermann:* Einführung in die Volkswirtschaftslehre, Bd. II. Wiesbaden 1964, S. 222 f.

Wirtschafts- und finanzpolitische Maßnahmen zur Bekämpfung einer schleichenden Inflation

Von Fritz Neumark

A.

Mein Vortrag hat nicht sowohl ein wirtschaftstheoretisches als vielmehr ein wirtschaftspolitisches Thema zum Gegenstand. Da in dem vorangehenden Referat von Herrn Kollegen *Sauermann* Begriff und Wesen der heute die Hauptform inflatorischer Entwicklungen bildenden sogenannten schleichenden Inflation behandelt worden sind, kann ich mich in dieser Hinsicht auf sein Referat beziehen und mich damit begnügen hervorzuheben, daß, wie schon aus der Formulierung des mir zur Behandlung zugewiesenen Themas hervorgeht, die Inflation als *ein wirtschaftliches und soziales Übel* betrachtet wird, das es zu bekämpfen gilt. Eine solche Auffassung ist zwar heute die vorherrschende, doch gibt es einige Theoretiker und Wirtschaftspolitiker, die zumindest implicite und unter der Bedingung, daß ein bestimmtes Geldentwertungsmaß nicht überschritten wird, dazu neigen, eine milde Inflation für erträglich bzw. für ein geringeres Übel zu halten als eine Rezession oder gar eine Depression. Ja, der dänische Professor *Jörgen Pedersen* hat bekanntlich, und zwar zuerst in einem Buche[1] und kürzlich wieder in einem Vortrage[2], über die wahrhaftig nicht als schleichend, sondern als sehr heftig galoppierend zu bezeichnende deutsche Inflation zu Beginn der zwanziger Jahre die Ansicht vertreten, daß sie nicht als ein „Übel" anzusehen sei; er behauptet vielmehr (womit er freilich allein stehen dürfte), seine Forschungen hätten ihn „zu der Überzeugung gebracht, daß alles Unglück, das die Inflation während der Jahre 1919—1923 ... bedeutet hat, unbedeutend ist im Vergleich mit dem Elend, das die irrtümlichen Ansichten über diese Inflation und ihre Ursachen über die Menschheit gebracht haben". Sieht man von dieser extremen und, wie gesagt, vereinzelten Stellungnahme ab, so sind noch zwei Vorbemerkungen erforderlich:

Zunächst scheint es, ähnlich wie bei physiologischen Krankheiten, auch bei Inflation viel besser zu sein, wenn man die Wirtschaftspolitik primär

---

[1] K. *Laursen* and J. *Pedersen:* German Inflation 1918/1923, Amsterdam 1964.
[2] J. *Pedersen:* Einige Bemerkungen zur deutschen Inflation von 1919/1923, „Zeitschrift f. d. gesamte Staatswissenschaft", 122. Bd., 1966, S. 418 ff.

darauf richtete, statt *repressiver* Maßnahmen *präventive* zu ergreifen, d. h. es gar nicht erst zur Ausbildung eines Inflationsprozesses kommen zu lassen. Realistischerweise muß jedoch zugegeben werden, daß jedenfalls in Kriegszeiten trabende, wenn nicht gar galoppierende Inflationen kaum zu vermeiden sind oder sich doch nur mittels nicht marktwirtschaftskonformer Maßnahmen in die Form einer sogenannten „repressed inflation" zwängen lassen, die unter Friedensbedingungen als solche nicht akzeptiert werden kann, und ferner sind Tendenzen zu milden oder schleichenden Inflationen den ökonomischen und politischsoziologischen Strukturbedingungen einer modernen, auf starkes Wachstum ausgerichteten hochindustrialisierten Volkswirtschaft inhärent. Angesichts dessen wird in praxi eine Inflationsbekämpfungspolitik doch von größerer Bedeutung sein als Bemühungen um eine Inflationsverhütung.

Dieser ersten Vorbemerkung sei sogleich eine zweite angefügt:

Unter „Inflationsbekämpfung" werden in diesem Vortrag lediglich solche Maßnahmen verstanden, die auf eine *Sistierung des Inflationsprozesses* abzielen, *nicht* dagegen auch diejenigen, die — darüber hinausgehend — *die Folgen einer Inflation durch eine echte Deflationspolitik rückgängig zu machen suchen*. Das wäre, wie wir empirisch seit Jahrhunderten und theoretisch spätestens seit *Keynes'* berühmtem Pamphlet „The Economic Consequences of Mr. Churchill"[3] wissen sollten, einmal weitgehend unmöglich oder sinnlos, da Inflationsgewinnler und Deflationsverlierer sich niemals vollkommen decken, und zum anderen mit verhängnisvollen Konsequenzen für das Wirtschaftswachstum verbunden — vorausgesetzt, eine wirkliche Deflation sei heute überhaupt noch politisch durchsetzbar, was wohl als äußerst unwahrscheinlich angesehen werden kann.

B.

Nach diesen Vorbemerkungen wende ich mich nun meinem eigentlichen Thema zu.

In gewisser Weise erscheint es naheliegend, die Inflationsbekämpfungstherapie nicht nur nach Maßgabe der vorhandenen Möglichkeiten oder Instrumente auszugestalten, sondern auch oder gar in erster Linie nach den speziellen Ursachen aktueller Inflationsprozesse zu differenzieren. Sofern man also etwa die Ende der fünfziger Jahre in den USA aufgekommene Unterscheidung zwischen einer „cost-push inflation" und

---

[3] J. M. *Keynes*: The Economic Consequences of Mr. Churchill, London 1925. (Teilweise wiederabgedruckt in „Essays in Persuasion", London/New York 1931.)

einer „demand- pull inflation" anerkennt, wäre es inflationstherapeutisch geboten, je nachdem entweder den Nachdruck auf Einkommens- bzw. Lohnpolitik oder aber auf kredit- und/oder fiskalpolitische Maßnahmen zu legen; ähnlich würde es selbstverständlich geboten sein, sich ausschließlich auf eine entsprechende Budgetpolitik zu verlassen, wenn eine Inflation lediglich oder vorwiegend durch ein übermäßig expansives Verhalten der öffentlichen Hand ausgelöst worden ist.

Läßt man den letzten Fall beiseite, der zwar für trabende und insbesondere galoppierende Inflationen entscheidende Bedeutung hat, nicht aber für schleichende, und ist man mit der heute wohl überwiegend anerkannten Theorie davon überzeugt, daß es in praxi gar nicht möglich ist, eine klare Unterscheidung zwischen Inflationen, die primär auf Kostendruck, und solchen, die primär auf Nachfragestöße zurückgehen, zu treffen[4], so ist zu betonen, daß im Falle wie auch immer verursachter schleichender Inflationen stets eine (freilich im Einzelfall unterschiedlich strukturierte) Mischung von fiskalpolitischen, kreditpolitischen sowie gewissen anderen, sogleich näher zu erwähnenden Maßnahmen angezeigt erscheint.

Wird im übrigen anerkannt, daß Inflationen letztlich auf ein Mißverhältnis zwischen einer aktuell wirksamen bzw. erwarteten Nachfrageerhöhung einerseits, einer aktuell realisierbaren bzw. kurzfristig möglichen Angebotserweiterung andererseits zurückzuführen sind, so kann man einem solchen Mißverhältnis offensichtlich durch Maßnahmen zu Leibe gehen, die entweder auf eine Nachfragedrosselung oder eine Angebotserhöhung oder schließlich auf eine bestimmte Kombination beider ausgerichtet sind.

I.

Bevor ich mich einer näheren Betrachtung der Hauptkategorien von Inflationsbekämpfungsmaßnahmen zuwende, möchte ich ein paar Worte über gewisse *allgemeine Erfolgsbedingungen* derartiger Maßnahmen sagen.

---

[4] In diesem Sinne beispielsweise G. *Ackley* (nunmehr Vorsitzender des Council of Economic Advisers): Administered Prices and the Inflationary Process, „American Economic Review", vol. XLIX, 1959, Papers and Proceedings, S. 419. — Die Diskussion dauert noch an. Vergleiche statt anderer M. *Bronfenbrenner* und F. D. *Holzman*: Survey of Inflation Theory, „American Economic Review", vol. LIII, 1963, S. 593 ff. In terminologischer Hinsicht stimme ich mit Ch. L. *Schultze* („Recent Inflation in the United States", Joint Committee Print, Washington 1959, S. 40) darin überein, daß „income-share inflation is ... another, and perhaps better, name for cost-push inflation". — Auf mehr statistisch-methodologische Schwierigkeiten, denen eine Unterscheidung der zwei Inflationsarten begegnet, weist E. V. *Morgan* in seinem Referat: Is inflation inevitable? („The Economic Journal", Vol. LXXVI, 1966, S. 10 ff.) hin.

1. Eine erste, für das Gelingen einer auf Inflationsverhütung und/oder -bekämpfung gerichteten Politik entscheidend wichtige Bedingung ist offensichtlich eine *zutreffende, rechtzeitig erstellte Diagnose der aktuellen Wirtschaftslage* in Verbindung mit einer *hypothetischen Prognose der künftigen Entwicklung*. Es ist, namentlich von Praktikern und Politikern, immer wieder behauptet worden, eine wirksame Antiinflations- oder auch Antideflationspolitik müsse daran scheitern, daß die Wissenschaft noch nicht zu exakten diagnostischen oder gar prognostischen Feststellungen in der Lage sei. Niemand, der davon etwas versteht, wird die großen Schwierigkeiten leugnen wollen, die auf diesem Gebiete bestehen. Daß sie jedoch nicht unüberwindbar sind und daß wenn schon nicht das Maß, so doch die Richtung von Geldwertveränderungen und die voraussichtlichen Wirkungen geplanter finanzpolitischer Maßnahmen in bezug auf Verstärkung oder Abschwächung von Inflationstendenzen richtig vorausgesehen werden können, dafür ist ein Beispiel u. a. das Gutachten, das der Wissenschaftliche Beirat beim Bundesministerium der Finanzen im Juli 1964 erstattet hat[5].

2. Von größter Bedeutung für die Effizienz antiinflatorischer Maßnahmen ist weiterhin, daß alle Wirtschaftssubjekte davon überzeugt sein können, daß Regierung und Notenbank über ein *ausreichendes Instrumentarium zur Inflationsbekämpfung* verfügen und ggf. entschlossen sind, dieses Instrumentarium auch gegen den Widerstand der Vertreter von Sonderinteressen anzuwenden.

3. Zu den wesentlichen Erfolgsbedingungen einer auf Inflationsmilderung gerichteten Politik gehört ferner, daß sie mit den Konsequenzen einer Reihe von (prinzipiell unvermeidbaren, aber doch im einzelnen zu verringernden) *zeitlichen Verzögerungen*, also, technisch gesprochen, „time lags"[6], fertigzuwerden vermag.

a) Zunächst ist auf die Existenz eines sogenannten „recognition lag" hinzuweisen, der für das soeben erwähnte Diagnoseproblem relevant ist. Es handelt sich dabei darum, daß regelmäßig eine gewisse Zeit vergeht, bevor ein inflatorischer Prozeß als solcher erkannt wird. Dazu tritt

b) ein weiterer Zeitraum zwischen der Diagnose eines Inflationsdrucks und der Herbeiführung einer auf dessen Beseitigung gerichteten politischen Entscheidung.

---

[5] „Stellungnahme des Wissenschaftlichen Beirats beim Bundesministerium der Finanzen zu den Folgerungen, die sich aus der gegenwärtigen konjunkturellen Lage für die Steuerpolitik ergeben", vom 4. Juli 1964 (u. a. veröffentlicht im „Bulletin" der Bundesregierung Nr. 123 vom 5. August 1964, S. 1169 ff.).
[6] Vgl. dazu u. a. den Bericht des Subcommittee on Fiscal Policy of the Joint Economic Committee über „Tax Changes for Shortrun Stabilization", Joint Committee Print, Washington 1966, S. 2—3, sowie „Hearings" über den gleichen Gegenstand vom 16.—30. 3. 1966 (ebenfalls ein Joint Committee Print).

c) Diese Entscheidung bedarf sodann zu ihrer Realisierung in concreto der organisatorischen Vorbereitung zweckentsprechender Maßnahmen, was natürlich ebenfalls Zeit erfordert.

d) Ein vierter „lag" resultiert aus der Tatsache, daß die Wirtschaft auf die in Kraft gesetzten Antiinflationsmaßnahmen erst nach Ablauf einer bestimmten Zeit reagiert.

e) Schließlich verstreicht eine gewisse Frist, bis Regierung und Notenbank erkennen, ob die Reaktionen der Wirtschaft auf die Inflationsbekämpfungsmaßnahmen hinsichtlich Richtung und Stärke als ausreichend anzusehen sind, wobei natürlich impliziert ist, daß, sofern die betreffenden Reaktionen unzulänglich sind, die ursprünglichen Maßnahmen korrigiert bzw. verstärkt werden müssen.

4. Als letzte Erfolgsbedingung ist in diesem Zusammenhang die Bereitschaft von Regierung und Parlament hervorzuheben, erforderlichenfalls eine gewisse vorübergehende Beeinträchtigung des Wirtschaftswachstums zugunsten der Geldwertstabilität in Kauf zu nehmen und im Zusammenhang damit eine Überbeschäftigung in eine bloße Vollbeschäftigung im heute anerkannten Sinne zu transformieren.

II.

Ich wende mich nunmehr einer Betrachtung gewisser Probleme zu, die mit der sogenannten *Einkommenspolitik* zusammenhängen. Letztere wird in der Praxis meist mit der *Lohnpolitik* identifiziert, obgleich sie, wie sogleich näher darzulegen ist, grundsätzlich auch die Preispolitik der Unternehmen einschließt.

Sofern unsere Wirtschafts- und Sozialordnung aufrechterhalten werden soll, kann im Rahmen der Einkommenspolitik offensichtlich nicht an Zwangseingriffe gedacht werden, wie den Lohnstop von 1937 oder die britischen Maßnahmen von 1966, sondern nur an wirtschaftliche Aufklärung der Beteiligten bzw. das, was vielfach unter dem Stichwort „suasion" diskutiert wird. Wie bekannt, hat in der Bundesrepublik Deutschland insbesondere der Sachverständigenrat zur Begutachtung der gesamtwirtschaftlichen Entwicklung in seinem zweiten Jahresgutachten auf gewisse Möglichkeiten einer rationalen Einkommenspolitik auf freiwilliger Basis hingewiesen; ähnliche Empfehlungen, die z. T. in die Praxis umgesetzt wurden, finden sich seit einigen Jahren auch in den USA[7].

---

[7] Vgl. dazu die Economic Reports der Jahre 1962—1966 (z. B. Report 1966, S. 88 ff.), ferner das „Statement" von G. *Ackley*, A. M. *Okun* und J. S. *Duesenberry* (alle vom Council of Ec. Advisers) vom 12. 9. 1966 vor einem Unterausschuß des Repräsentantenhauses, sowie neben dem Bericht des Joint Eco-

Sowohl das soeben erwähnte Gutachten des deutschen Sachverständigenrats als auch der amerikanische Economic Report von 1966 haben versucht, quantitative Regeln für eine Lohnpolitik aufzustellen, die nicht inflationsfördernd wäre. Im Grunde herrscht dabei die Überzeugung vor, daß eine kostenneutrale Lohnerhöhung — an eine Lohnsenkung denkt heute ja niemand mehr — dann vorläge, wenn die relative Zunahme der Tariflöhne im gesamtwirtschaftlichen Durchschnitt nicht größer ist als die gleichzeitige gesamtwirtschaftliche Produktivitätssteigerung. Es sei hinzugefügt, daß *Herbert Giersch* in seinem Referat auf der hannoverschen Tagung der Gesellschaft für Wirtschafts- und Sozialwissenschaften[8] hervorgehoben hat, daß unter den heute herrschenden Währungsverhältnissen die Effizienz einer derartigen Lohnpolitik weitgehend von einer ausreichenden Beweglichkeit der Devisenkurse abhängig ist.

Obwohl die amerikanischen Leitlinien für die Lohnpolitik weitgehend den deutschen ähneln — die vielleicht sogar von jenen inspiriert worden sind —, sind sie m. E. zweckmäßiger konstruiert, da sie einmal, anders als die Vorschläge des Sachverständigenrats, keinen Geldentwertungszuschlag neben der Produktivitätssteigerung auch nur vorübergehend für die Lohnbemessung zulassen und zum anderen nicht von der (konjunkturell stark schwankenden) faktischen Produktivitätsentwicklung ausgehen, sondern von deren Trend. Die ganze Problematik der „Richtlinien-Politik für Löhne" erhellt jedoch schon aus der Tatsache, daß im amerikanischen Wirtschaftsbericht 1966 aufgrund gewisser, an sich (theoretisch) berechtigter Überlegungen gefordert wird, der als nichtinflatorisch angesehene maximale Lohnsteigerungssatz solle etwas unterhalb des Trends der letzten fünf Jahre bleiben (a. a. O., S. 92); das wird von den Führern der Gewerkschaften wahrscheinlich nicht leicht verstanden werden, und noch schwerer dürfte eine solche Zurückhaltung sich bei den Gewerkschaftsmitgliedern durchsetzen lassen. Es erscheint mir als sehr bemerkenswert, daß im Mehrheitsgutachten des Joint Economic Committee (S. 10) gesagt wird, „guideposts problems" seien „essentially private, though colored with a public interest, whereas fiscal and

---

nomic Committee über die Wirtschaftsberichte des Präsidenten, K. *Gordon:* Price-Cost Behavior and Employment Act Objectives, Brookings Institution Reprint 117, Washington 1966. — Während der Drucklegung dieses Vortrags erschienen ferner der von der Mediobanca herausgegebene Überblick von A. *Campolongo* über „Incomes Policy" (Oct. 1966, o. O.), mit brauchbaren bibliographischen und statistischen Angaben, sowie das Jahresgutachten 1966—67 des deutschen Sachverständigenrats (als Buchausgabe unter dem Titel „Expansion und Stabilität", Stuttgart-Mainz 1966), das sich an verschiedenen Stellen mit einer kostenneutralen Lohnpolitik befaßt und im vierten Kapitel „Einzelprobleme einer stabilitätskonformen Einkommenspolitik" erörtert (S. 171 ff.).

[8] H. *Giersch:* Rationale Wirtschaftspolitik in der pluralistischen Gesellschaft (erscheint 1967 im Rahmen des Tagungsbandes der Schriften der Gesellschaft für Wirtschafts- und Sozialwissenschaften).

monetary policies are public functions"[9]. Im übrigen ist von manchen Wirtschaftstheoretikern, wie z. B. R. *Musgrave*, darauf hingewiesen worden, daß in praxi entweder Ausnahmen zugelassen werden — die Möglichkeit dazu ist im Economic Report selbst erwähnt worden —, was jedoch sei es zu erheblichen Anwendungsschwierigkeiten, sei es zu Durchlöcherungen der Regel führe, oder daß die (praktisch bequemere) Anwendung der Durchschnittsregel „inefficiencies in allocation of resources" bewirkt (a. a. O., S. 46).

Es ist evident, daß, wenn überhaupt, eine Lohnpolitik im angedeuteten Sinne nur dann wirksam sein kann, wenn gleichzeitig eine entsprechende *Preispolitik seitens der Unternehmen* praktiziert wird. Darauf wird in den Vereinigten Staaten ein viel stärkerer Nachdruck gelegt als bei uns. Das mag damit zusammenhängen, daß drüben größeres Mißtrauen gegen „big business" als bei uns besteht; in diesem Zusammenhang mag erwähnt werden, daß im letzten Joint Economic Report (S. 66) hervorgehoben wurde, erwiesenermaßen seien die 1000 größten Unternehmen weitgehend oder sogar völlig unabhängig von Bankkredit und Kapitalmarkt und folglich „not ... affected at all by the decision of the FRB to increase the discount rate" (a. a. O., S. 7 u. 23). Daraus wird häufig gefolgert, daß die Preisrichtlinienpolitik zu Ergebnissen führt, die durch (fiskal- und/oder) geldpolitische Maßnahmen nicht erreicht werden könnten. Demgegenüber muß m. E. jedoch betont werden, daß, da unter den hier vorausgesetzten Bedingungen die von der Regierung als erwünscht angesehene Preispolitik der Unternehmen nur auf freiwilliger Basis erreicht werden kann, eine Berufung auf das sogenannte „common (oder public) interest" und dergleichen meist wenig hilft, wenn auch zuzugeben ist, daß durch geeignete wirtschaftswissenschaftliche Aufklärung der Sozialpartner und den Druck der öffentlichen Meinung inflationsfördernde Praktiken als solche erkannt und verfehmt werden können. Jedenfalls dürfte, sofern man eine Marktwirtschaftsordnung bejaht, eine Einkommenspolitik nur dann erfolgreich sein, wenn einmal die Sozialpartner ihre Verpflichtung gegenüber dem Gemeininteresse darin sehen, mehr nachfragebewußt und weniger kostenbewußt zu sein sowie allgemein ihre Forderungen an der aktuellen Marktlage zu orientieren[10], und wenn ferner die Notwendigkeit einer „continued strong governmental leadership" erkannt wird[11]. Unrealistisch scheint es mir jedoch zu sein, wenn etwa der Economic Report von 1966 (S. 93) die Möglichkeit hervorhebt, alle Unternehmer mit erheblicher Marktmacht zu veranlassen, sich zu

---

[9] Dieser Auffassung wird allerdings vielfach widersprochen, so etwa im allgemeinen Minderheitsvotum und in dem speziellen Votum von Senator *Proxmire* (Joint Economic Report 1966, S. 23—25 u. 45 ff.).
[10] Zitiert nach dem Joint Economic Report 1966, S. 48.
[11] Gordon, a.a.O., S. 66.

fragen, ob Preiserhöhungen durch entsprechende Kostensteigerungen gerechtfertigt seien oder nicht.

Abschließend möchte ich meine Meinung dahin zum Ausdruck bringen, daß eine sogenannte Einkommenspolitik zwar im Sinne zweckmäßig gestalteter Aufklärungs- und Erziehungsarbeit in bezug auf wirtschaftsgerechtes Denken bis zu einem gewissen Grade nützlich zu sein vermag, aber kein entscheidend wirksames Instrument im Kampf gegen Inflationstendenzen darstellt. Es ist zuzugeben, daß die Kreditpolitik vielfach gerade gegenüber marktbeherrschenden Unternehmen nicht oder doch nicht ausreichend effizient ist; soweit das zutrifft, erscheint jedoch der Rückgriff auf fiskalpolitische Maßnahmen angezeigt, die eben auch solche Unternehmungen treffen und die zu ergänzen wären durch eine schärfere Anwendung des Kartellgesetzes, durch eine Beseitigung offener und versteckter Subventionen sowie schließlich, soweit möglich, durch die Zulassung eines verstärkten Wettbewerbs des Auslandes.

III.

Geht man von dem Zustand einer generellen Vollbeschäftigung oder gar einer Überbeschäftigung aus, so wird man, soweit man dem Inflationsdruck durch eine *Vergrößerung des Güterangebots* begegnen will, naturgemäß in erster Linie eine *Erweiterung des Arbeitsvolumens* oder eine Erhöhung der Effizienz des Arbeitskräfteeinsatzes zu verwirklichen suchen. Es erhebt sich die Frage, in welcher Weise dieses Ziel verwirklicht werden kann.

Im Gegensatz etwa zu den Vereinigten Staaten, wo selbst nach Erreichung des jüngsten Booms die Zahl der Arbeitslosen noch zwischen August 1965 und August 1966 um fast 340 000 zurückging, sind derartige Reserven in Ländern wie England und der Bundesrepublik heute nicht mehr vorhanden[12]. Die Rate des natürlichen Bevölkerungszuwachses läßt sich offensichtlich konjunkturell nicht steuern. Theoretisch ist zwar denkbar, daß eine Ausdehnung der faktischen Arbeitszeit erfolgt, wie sie beispielsweise noch bis von kurzem in den USA zu beobachten war; es scheint jedoch, daß dafür in der Bundesrepublik die notwendigen Voraussetzungen nicht gegeben sind, ja man könnte es bereits als einen relativen Erfolg ansehen, wenn es gelänge, eine weitere Herabsetzung der Arbeitszeit hintanzuhalten bzw. hinauszuzögern. So dürften in vielen Ländern und insbesondere auch in der Bundesrepublik in der Haupt-

---

[12] Nur für den (hier als nicht zum Thema gehörig beiseite gelassenen) Fall einer auf der Grenze zwischen Rezession und Depression liegenden wirtschaftlichen Abschwächung, die sich zwischen zwei Inflationsperioden einschöbe und mit ins Gewicht fallender Arbeitslosigkeit verbunden wäre, könnte im folgenden Wiederaufschwung auf derartige Reserven zurückgegriffen werden.

sache nur drei Wege verbleiben, nämlich 1. die Beschaffung zusätzlicher ausländischer Arbeitskräfte, 2. die Überführung von Arbeitskräften aus strukturell benachteiligten Wirtschaftszweigen, wie beispielsweise (aber nicht nur!) Stahlindustrie, Bergbau und Landwirtschaft, auf solche, die hinsichtlich des Grades der Produktivitätssteigerung sich in einer überdurchschnittlich günstigen Lage befinden, sowie schließlich 3. die Förderung einer Anpassung der Ausbildung von Arbeitskräften an gewandelte berufliche Anforderungen (Qualifikationen). Auf die an zweiter und dritter Stelle genannten Punkte ist u. a. im zweiten Sachverständigengutachten hingewiesen worden; man hat jedoch nicht den Eindruck, als habe die Bundesregierung daraus die erforderlichen Konsequenzen gezogen. Wird durch auf die Dauer ja doch sinnlose Subventionen an strukturell zum Schrumpfen verurteilte Wirtschaftszweige der notwendige Anpassungsprozeß verzögert oder gar — mittelfristig — verhindert, so ist evident, daß dadurch ein Inflationsprozeß tendenziell verstärkt, jedenfalls aber seine Bekämpfung erschwert wird. In diesem Zusammenhang sei auf eine bemerkenswerte Möglichkeit hingewiesen, die in den Vereinigten Staaten besteht. Dort sind im Rahmen des Verteidigungshaushaltes für Heereslieferanten bestimmte „cost allowances for training expenses" vorgesehen, und im jüngsten Monatsbericht (Oktober 1966) der First National City Bank of New York wurde verlangt, es sollte allen Unternehmen ein siebenprozentiger Tax Credit für Ausgaben gewährt werden, die sich auf das „training and retraining of workers" beziehen. Auch die — freilich außerordentlich dirigistische — neue britische „Selective Employment Tax"[13] verdient in diesem Zusammenhang Beachtung. Es wäre sehr erwünscht, wenn in der Bundesrepublik den soeben angedeuteten Fragen eine größere Aufmerksamkeit als bisher gewidmet würde.

IV.

Aus Zeit- bzw. Raummangel muß ich auf die Erörterung weiterer Möglichkeiten verzichten, die für die Erhöhung des aus *inländischer* Erzeugung stammenden Güterangebots bestehen; ich begnüge mich mit der ergänzenden Bemerkung, daß als nicht hierher gehörig anzusehen sind steuerliche und andere Vergünstigungen für arbeitssparende Investitionen, da ja in dem hier angenommenen Konjunkturklima eine weitere Forcierung der Investitionstätigkeit kurzfristig eher noch inflationsfördernd wirken würde.

---

[13] Vgl. darüber u. a. J. *Reid:* The Selective Employment Tax, „British Tax Review", July-August 1966, S. 243 ff., und Alan T. *Tait:* British Budgetary Policy 1965—1966; a Sequence of Budgets and the Selective Employment Tax, „Finanzarchiv", N. F., Bd. 26/I, 1967.

Wohl aber ist die Notwendigkeit zu betonen, das Gesamtangebot einer unter Inflationsdruck leidenden Volkswirtschaft soweit wie möglich durch entsprechende *außenhandelspolitische Maßnahmen* zu verstärken. Tatsächlich sind derartige Bestrebungen denn auch in der neueren Praxis einschließlich derjenigen der Bundesrepublik zu beobachten. Zwei Fakten jedoch haben den Erfolg der als Inflationsbekämpfungsmaßnahmen gedachten Importpolitik erheblich beeinträchtigt:

Auf der einen Seite hat man aus bekannten Gründen davon absehen zu können oder zu müssen geglaubt, die Einfuhr billiger Nahrungsmittel hinlänglich zu fördern, und auf der anderen sträubt man sich gegen Importe von Fertigwaren aus sogenannten Niedrigpreisländern. Überdies ist natürlich allgemein zu bedenken, daß man mittels außenhandelspolitischer Maßnahmen Inflationstendenzen in einem Lande nur dann entgegenzuwirken vermag, wenn diese nicht gleichzeitig auch in allen wichtigen Lieferländern in ungefähr gleicher Stärke vorhanden sind. Davon abgesehen, ist in bezug auf den ersterwähnten Punkt zu sagen, daß, wie in den USA, so auch bei uns die Steigerung der Lebenshaltungskosten in neuerer Zeit ganz überwiegend durch eine außerordentlich starke Erhöhung der Preise von Agrarerzeugnissen bewirkt worden ist, und zwar sind diese Preissteigerungen großenteils, jedoch nicht ausschließlich, auf eine weit überdurchschnittliche Erhöhung der Agrarerzeugerpreise zurückzuführen; überdies müssen die EWG-Marktordnungen beachtet werden, die ja Erleichterungen des Inflationsdrucks durch Senkung oder doch wenigstens Stabilhaltung der Preise aller wichtigen Agrarerzeugnisse praktisch ausschließen. In bezug auf den zweiten Punkt gilt, daß, wenn man auf der einen Seite über Inflationen und das heißt doch: steigende bzw. als zu hoch empfundene Preise klagt, man auf der anderen ausländische Erzeugnisse, auch wenn diese im Vergleich zu entsprechenden heimischen Produkten sehr billig sind, nicht diskriminieren sollte.

V.

In vieler Hichtsicht gehört eine antiinflatorisch ausgerichtete Außenhandelspolitik bereits zu den *wettbewerbspolitischen Maßnahmen*. Ergänzend sei aber nunmehr noch kurz auf einige Probleme und Fakten hingewiesen, die mit der *inneren Konkurrenz* zusammenhängen.

Es herrscht heute Übereinstimmung darüber, daß die Preisbewegungen auf allen wichtigen Gebieten keineswegs mehr im Einklang mit den klassischen Vorstellungen stehen, die ja auf der Annahme vollkommenatomistischer Konkurrenz beruhten. In der Realität haben seit langem „administered prices" eine große, ständig zunehmende Bedeutung gewonnen, wobei unter solchen Preisen sowohl die von oligopolistischen oder monopolistischen Privatunternehmen gesetzten als auch die vom Staat autoritär fixierten Preise zu verstehen sind.

Es ist zu befürchten, daß auf vielen Gebieten, wo gegenwärtig Preissenkungen möglich wären (und: nötig, wenn der durchschnittliche Preisstand im Hinblick auf strukturell mehr oder minder unvermeidbare Preiserhöhungen auf anderen Gebieten gehalten werden soll), faktisch eine *Preisherabsetzung* nicht erfolgt, und zwar aus bekannten, weitgehend psychologischen Gründen[14]. Meist wird in diesem Zusammenhang nur an das produzierende Gewerbe gedacht, nicht auch an den Einzelhandel. Tatsächlich bestehen aber m. E. Möglichkeiten zu einer Verstärkung der Konkurrenz und damit einer größeren zweiseitigen Flexibilität der Preise auch, ja vielleicht sogar gerade auf dem Gebiete des *Einzelhandels*, Möglichkeiten, die jedoch weder von den Einzelhändlern noch vom Staat bei uns richtig erkannt worden sind. Wenn in den USA trotz eines nun schon viele Jahre anhaltenden Booms die Lebenshaltungskosten bis vor kurzem vergleichsweise nur mäßig gestiegen sind, nämlich um insgesamt 9 Prozent zwischen 1958 und 1965, also im Jahresdurchschnitt um knapp 1,3 Prozent, während die Jahresdurchschnittsrate der Steigerung in der Bundesrepublik während des gleichen Zeitraums mehr als 2,3 Prozent betrug und neuerdings sogar die 4-Prozent-Marke überschritten hat, so läßt sich dieser Unterschied in der Geldentwertung weitgehend darauf zurückführen, daß der Preiswettbewerb auf der Einzelhandelsebene in Amerika sehr viel schärfer und verbreiteter ist als bei uns. Es wäre außerordentlich erwünscht, wenn diese Erkenntnis nicht sowohl zu Interventionen der Regierung als vielmehr zu entsprechenden Aktionen des Einzelhandels selbst führen würde.

VI.

Ich wende mich nun einer Erörterung der sogenannten *geldpolitischen Maßnahmen* zu. Da das heute den Notenbanken zur Verfügung stehende Instrumentarium den Hörern im wesentlichen bekannt sein dürfte, kann ich mich hier recht kurz fassen.

Es steht fest, daß das früher so gut wie ausschließlich gegen Konjunkturüberhitzungen angewandte Mittel einer Diskonterhöhung für sich allein nicht mehr ausreichend wirksam ist. Natürlich kann durch eine absolut und relativ starke Kreditverteuerung die Kreditnachfrage der Unternehmen, soweit diese von Geschäftsbanken abhängig sind, bis zu einem gewissen Grade eingeschränkt werden. Man hat jedoch in Deutschland seit eh und je die ungünstigen Effekte einer Kreditpolitik, die durch sehr hohe Zins-

---

[14] Vgl. dazu beispielsweise die Darstellung bei H. *Haller* in seiner jüngsten Schrift über „Das Problem der Geldwertstabilität", Urban-Bücher, 1966.

sätze — meist neben einer restriktiven Mindestreservepolitik — einen inflatorischen Trend zu bremsen sucht, unterschätzt, ähnlich wie jene Wirkungen in den USA im allgemeinen überschätzt worden sind. Für den amerikanischen Standpunkt charakteristisch ist etwa die im Joint Economic Report von 1966 (S. 8) zu findende These, daß „the use of general interest rate increases to fight inflation is not neutral in its effects on the economy. It tends to fall most heavily on small businessmen and on construction and other long-term investment and is not particularly effective in curbing speculative excesses". Daher wird als Alternative eine gewisse Restriktion des konsumtiven, das aber heißt im wesentlichen des Teilzahlungskredits empfohlen, der freilich in anderen Ländern, wie auch etwa in der Bundesrepublik, eine weit geringere Rolle spielt als jenseits des Atlantiks.

Für Deutschland und manche andere Länder dürften jedenfalls mindestreservepolitische Maßnahmen und eine Verringerung der Rediskontkontingente wichtiger und wirkungsvoller sein. Generell ist aber natürlich zu bedenken, daß alle Notenbankpolitik nicht unmittelbar auf die konsumtive Kreditnachfrage einwirken kann und daß überdies ihre Effizienz mehr oder minder stark beeinträchtigt wird, sofern volle Konvertibilität der Währungen in Verbindung mit starren Devisenkursen besteht.

Gegenüber den Schwerigkeiten, die sich daraus ergeben können, läßt sich vor allem an zwei mögliche Gegenmaßnahmen denken, nämlich eine, sei es einmalige, sei es in mehr oder minder regelmäßigen Abständen wiederholte *Aufwertung* einerseits, die Einführung *fluktuierender Wechselkurse* andererseits. In dem Gutachten über diese Fragen von *Lutz* und *Sohmen*, das dem ersten Jahresgutachten des deutschen Sachverständigenrats als Anlage beigefügt ist[15], findet sich am Schluß die ausdrückliche Behauptung, nur mittels einer periodischen Aufwertung oder flexibler Wechselkurse könne ein Land sich auf die Dauer „gegen die Weltinflation isolieren", eine Auffassung, die bekanntlich vom Sachverständigenrat geteilt wird. Sie impliziert offensichtlich, daß eine restriktive Geldpolitik nach Art der seit etwa zwei Jahren bei uns betriebenen mindestens komparativ unerwünscht ist oder/und lediglich kurzfristige Störungen zu beseitigen vermag. Im Vorbeigehen sei erwähnt, daß selbstverständlich eine wirklich internationale Währungsordnung, die als solche eine entsprechende Währungs- und Konjunkturpolitik einschlösse, die Einführung flexibler Devisenkurse überflüssig machen würde.

---

[15] Jahresgutachten 1964/65 („Stabiles Geld und stetiges Wachstum"), Stuttgart/Mainz 1965, S. 157 ff. (Vgl. nunmehr auch Jahresgutachten 1966/67, a.a.O., Tz. 259 ff.)

Da hier nicht der Ort ist, um die ganze Problematik von periodischen Aufwertungen bzw. flexiblen Wechselkursen auch nur leidlich eingehend zu behandeln, begnüge ich mich damit, thesenartig folgendes festzustellen:

Sicher spricht rein logisch vieles für die Argumentation der Anhänger flexibler Devisenkurse. Mir scheinen jedoch sowohl rechtliche als auch psychologisch-politische Bedenken und Hemmnisse auf absehbare Zeit hinaus eine Verwirklichung einer solchen Politik für die Bundesrepublik unmöglich zu machen. Infolgedessen wird hier unterstellt, daß es grundsätzlich bei der gegenwärtig herrschenden Regelung verbleibt. Dann aber kommen geldpolitisch für den Kampf gegen einen Inflationsdruck nur Aufwertungen oder/und Kreditrestriktionen in Betracht. Erstere sollten m. E. zwar nicht „periodisch" erfolgen, wohl aber können sie als gelegentliches, und das heißt: ggf. auch wiederholt anzuwendendes Mittel nicht ausgeschlossen werden. Was geldpolitische Restriktionsmaßnahmen betrifft, so sind sie unentbehrlich, jedoch nicht ausreichend; überdies wirken sie vielfach zu spät und zeitigen umso gröbere und ungleichmäßigere bzw. ungerechtere Effekte, je weniger sie durch gleichzeitig ergriffene Maßnahmen der Fiskalpolitik ergänzt werden.

Abschließend sei in diesem Zusammenhang noch ein kurzes Wort zur sogenannten *Kreditplafondierung* gesagt. Eine solche ist bekanntlich im Gutachten über die Finanzreform[16] als erwünschtes Instrument der Geldpolitik bezeichnet worden und nunmehr auch in dem Entwurf eines Gesetzes zur Förderung der wirtschaftlichen Stabilität vorgesehen[17].

Kein Zweifel, daß, wenn überhaupt, dieses Instrument nur als allerletztes Mittel einzusetzen ist, denn mit seiner Anwendung sind unweigerlich technische Schwierigkeiten, Reibungen sowie Ungerechtigkeiten von Bank zu Bank, aber auch von Bankkunde zu Bankkunde, verbunden. Als eine Art „weapon in being" jedoch erscheint die Kreditplafondierung in dem Augenblick als unentbehrlich, in dem eine — ebenfalls in den soeben genannten zwei Dokumenten vorgesehene — Begrenzung der öffentlichen Kreditnahme erfolgt, da sich andernfalls eine kreditpolitische Ungleichbehandlung zu Lasten des Staates und damit eine Verschärfung der „social unbalance" im Sinne von *Galbraith* ergäbe.

---

[16] *Kommission für die Finanzreform:* Gutachten über die Finanzreform in der Bundesrepublik Deutschland, Stuttgart, Köln, Berlin, Mainz 1966, Tz. 527.
[17] Bundestagsdrucksache V/890, 1966, § 20.

VII.

Ich hoffe, man wird nicht aus der Tatsache, daß ich in besonderem Maße an finanzwissenschaftlichen Problemen interessiert bin, folgern, ich hielte aus diesem Grunde *fiskalpolitische Maßnahmen* für die wirksamsten im Kampf gegen eine Inflation. (Daß sie in einer Depressionssituation die bei weitem wichtigsten Instrumente zu deren Überwindung sind, ist ja seit langem unbestritten.) Tatsächlich habe ich meine Ansichten seit einiger Zeit etwas geändert. Früher glaubte ich mit vielen anderen Theoretikern, daß zwar bei allen Wirtschaftsstörungen eine Kooperation von Geld- und Fiskalpolitik erforderlich sei (an dieser Überzeugung halte ich natürlich fest), daß aber bei Inflationsdruck und Überbeschäftigung das Mischungsverhältnis zu Gunsten kreditpolitischer Maßnahmen gestaltet werden müsse; daran habe ich aufgrund neuerer Erfahrungen bei uns, aber auch etwa in den Vereinigten Staaten, gewisse Zweifel bekommen.

Selbstverständlich ist, wie schon betont, eine — vorsichtig gesagt — nichtexpansive Kreditpolitik eine unumgängliche Voraussetzung für jede Art wirksamer Inflationsbekämpfung. Aber oft, ja wahrscheinlich in den meisten Fällen, wird eine solche Kreditpolitik nicht ausreichen. Hinsichtlich der Fiskalpolitik ist zu bemerken, daß die Schwierigkeiten hier weniger prinzipieller als vielmehr technisch-politischer Natur sind.

Die Grundfragen der sogenannten „Fiscal Policy" sind in diesem Kreise sicherlich so bekannt, daß ich auf sie hier kaum explicite einzugehen brauche. Ähnlich wie zur Bekämpfung von Wirtschaftsdepressionen ein kreditär finanziertes Budgetdefizit, das am besten durch eine Kombination von Ausgabeerweiterungen und Steuersenkungen realisiert wird, angezeigt ist, muß beim Vorherrschen — besser noch: bei der bloßen Erwartung — eines Inflationsdrucks ein *Budgetüberschuß* oder vielmehr ein *Kassenüberschuß* herbeigeführt werden, und zwar natürlich für die Gesamtheit der öffentlichen Haushalte. Abgesehen davon, daß auch hier die Frage sich stellt, ob ein solcher Überschuß überwiegend oder gar ausschließlich durch Ausgabekürzungen bei gleichem Steuerrecht oder durch Steuererhöhungen ohne entsprechende Mehrausgaben zu bewirken ist, bleibt die entscheidende Frage, wie der Haushaltsüberschuß, sei es vorübergehend, sei es endgültig, „sterilisiert" werden kann. Ein für alle Länder, Zeiten und Umstände gültiges Patentrezept ist hier ebenso wenig wie in anderen Fällen vorhanden. Wenn es politisch durchsetzbar wäre, das Gesamtvolumen der öffentlichen Ausgaben zwar nicht absolut zu verringern, aber doch wenigstens unterhalb der sich automatisch bei Wirtschaftswachstum ergebenden Steuermehreinnahmen zu halten, so würde man zumeist keine Steuertariferhöhungen oder solchen gleichkommende andere Steuerrechtsänderungen benötigen, insbesondere, falls mit einer solchen fiskalischen Restriktionspolitik rechtzeitig begonnen würde. Je länger man freilich zuwartet, d. h. je mehr sich der Inflationsprozeß verstärkt und beschleunigt, umso drastischer müssen offensichtlich die finanzpolitischen Eingriffe sein.

Natürlich sind selbst relative Ausgabebeschränkungen nur schwer durchzusetzen, und es besteht die Gefahr, daß man eher bei wachstumsfördernden Investitionen als beim sogenannten Sozialkonsum Einsparungen vornehmen wird. Sofern jedoch, wie auch aus diesem Grunde erforderlich, ein mittelfristiger Finanzplan vorhanden ist, sollte es dennoch möglich sein, das Tempo gewisser Investitionen nach Maßgabe eines wechselnden Konjunkturklimas leicht zu variieren, obgleich es m. E. grundsätzlich vorzuziehen ist, konjunkturpolitisch gebotene Änderungen auf der Einnahmen- und nicht auf der Ausgabeseite vorzunehmen. Im übrigen ist prinzipiell zu fordern, daß wegen der im Vergleich zu denen einer Steuerfinanzierung relativ stärker expansiven Effekte einer Kreditfinanzierung *sämtliche* Ausgaben im Inflationsfall durch laufende Einnahmen, d. h. also in erster Linie durch Steuern, gedeckt werden, so daß schon aus diesem Grunde auf manche Projekte vorübergehend verzichtet werden muß.

Wie bereits angedeutet, wirken Haushaltsüberschüsse nur dann in der gewünschten Richtung, d. h. antiinflatorisch, wenn die betreffenden Gelder dem Wirtschaftskreislauf entzogen werden. Das mit Abstand beste und sicherste Mittel, um dieses Ziel zu erreichen, ist die Verwendung solcher Überschüsse zur *Tilgung öffentlicher Schulden bei der Notenbank*. Jedenfalls haben die deutschen Erfahrungen mit dem sogenannten Juliusturm in den fünfziger Jahren gezeigt, daß die Bildung öffentlicher Guthaben bei der Zentralbank, sofern die Disposition darüber dem Parlament möglich ist, die Gefahr einer sachlich und konjunkturell problematischen Verwendung, um nicht zu sagen: Verschwendung, einschließt. Man hat inzwischen aus jenen Erfahrungen gelernt, wie sich u. a. darin zeigt, daß im Regierungsentwurf des Stabilitätsförderungsgesetzes, in Anlehnung an entsprechende Vorschläge der Finanzreformkommission (Gutachten, Tz. 506 ff., bes. 508), eine höchst unorthodoxe *Stabilisierungsreserve* vorgesehen ist. Der Bundesrat ist sogar noch über die ursprünglich vorgesehenen Vorschläge der Bundesregierung hinausgegangen. Zunächst sollen im Bedarfsfall Mittel zur zusätzlichen Tilgung von Schulden bei der Bundesbank oder zur Zuführung an eine Konjunkturausgleichsrücklage im Haushaltsplan veranschlagt werden. Neben diese sogenannte „Rücklage I" soll nach dem Wunsch des Bundesrats eine „Rücklage II" treten (§ 13 neu), die aus unverzinslichen Guthaben von Bund und Ländern bei der Bundesbank besteht; über die Höhe dieser Rücklage wird nur gesagt, daß sie durch Rechtsverordnung der Bundesregierung nach Anhörung der Bundesbank mit Zustimmung von zwei Dritteln der Stimmen des Bundesrats zu fixieren ist. Voraussetzung für die Bildung dieser Rücklage ist, daß die Ausgleichsrücklage I als nicht ausreichend zur Herbeiführung der gewünschten Stabilisierungseffekte erscheint.

Akzeptiert worden ist von Bundesregierung und Bundesrat auch — ungeachtet gewisser Meinungsverschiedenheiten hinsichtlich des einzuschlagenden Verfahrens — die Institution einer *Beschränkungsmöglichkeit für die Kreditnachfrage der öffentlichen Hand*. Diese Institution ist zwar gewiß prinzipiell recht wirksam, aber doch zugleich wirtschaftsordnungsmäßig nicht unbedenklich. Der Bundesrat hat für die Aufteilung der global zu fixierenden Höchstmenge an zusätzlichen öffentlichen Schulden ein bestimmtes Verfahren und ferner die Aufstellung eines Zeitplans vorgesehen. Ich glaube, daß dieses Instrument nur in äußersten Notfällen angewendet werden sollte, die man m. E. vermeiden könnte, wenn man *rechtzeitig* andere geeignete fiskal- und kreditpolitische Maßnahmen ergreift. Im übrigen ist es schwer verständlich, warum die Regierung und die meisten Wirtschaftsverbände und -organisationen, wenn man so einschneidende Verfahren wie eine Kreditplafondierung für die privaten Unternehmen und eine Kreditlimitierung für die öffentliche Hand vorsieht, sich bei uns wie in vielen anderen Ländern so heftig gegen eine konjunkturpolitisch ausgerichtete *Variation von Steuertarifen* wenden. Im Entwurf des Gesetzes zur Förderung der wirtschaftlichen Stabilität ist zwar die Möglichkeit einer antizyklischen *Variation der steuerlichen Abschreibungen* vorgesehen, nicht aber die (u. a. von der Finanzreformkommission in ihrem Gutachten empfohlene) Möglichkeit einer Abänderung der Einkommen- und Körperschaftsteuersätze durch eine Rechtsverordnung der Bundesregierung, wobei selbstverständlich eine zeitliche Befristung (Höchstdauer: 1 Jahr) und ein relativ begrenzter Rahmen (lineare Veränderungen um 5, 10 oder 15 %) ins Auge gefaßt werden müßten. Der Bundesrat hat sich immerhin dazu verstanden, die Bundesregierung zur Prüfung eines solchen Verfahrens einzuladen, doch hat die Regierung zu dieser Entschließung des Bundesrats negativ, freilich wenig überzeugend, Stellung genommen[18].

---

[18] Siehe Bundestagsdrucksache V/890, a.a.O., S. 34. (Im Februar 1967 ist zwischen dem Bundeswirtschafts- und dem Bundesfinanzminister eine Reihe von Ergänzungen zum ursprünglichen Gesetzentwurf vereinbart worden, unter denen sich auch die Möglichkeit findet, durch Rechtsverordnung der Bundesregierung Einkommensteuer- und Körperschaftsteuersätze bis zu einem Jahre um maximal 10 v. H. zu variieren. Es bleibt abzuwarten, ob das Parlament diesen Vorschlag akzeptieren wird; die Widerstände scheinen beträchtlich zu sein, wenn auch bislang kein durchschlagender Einwand vorgebracht worden ist. Mit Recht meint H. W. *Arndt* (Control of inflation through fiscal policy, „The Economic Record", Dec. 1960, S. 515): „The political difficulties in the way of effective fiscal policy for the control of inflation are very great. But they are basically the political difficulties of control of inflation by any measures whatever".)

Mit einer kurzen Erörterung der damit angedeuteten Problematik, die namentlich auch in den Vereinigten Staaten neuerdings lebhaft diskutiert wird[19], soll mein Referat schließen.

Die zu beachtenden Probleme und Aspekte lassen sich etwa folgendermaßen charakterisieren:

1. Steuererhöhungen, die zwecks Inflationsbekämpfung vorgenommen werden, müssen so geartet sein, daß sie die gewünschten Effekte rasch auszuüben vermögen, gleichviel, ob man an Steuertariferhöhungen oder an sonstige, die effektive Steuerlast bestimmende Steuerrechtsänderungen denkt. Im Hinblick darauf scheinen Steuersatzänderungen im Prinzip Variationen der steuerlichen Abschreibungen vorzuziehen sein, denn diese dürften, wenn es sich, wie im Inflationsfall, um die Herabsetzung der Abschreibungssätze handelt, sich nur mit einer erheblichen Verzögerung auswirken.

2. Steuererhöhungen, die der Milderung des Inflationsdrucks dienen sollen, müssen nach Maß und Dauer begrenzt und technisch wie politisch relativ leicht reversibel sein.

3. Sie sollten möglichst keine steuer- oder wirtschaftspolitischen Grundsatzfragen involvieren.

4. Sie sollten gesetzgeberisch schnell in Kraft gesetzt werden können und dürfen keinen Anlaß zu destabilisierenden „announcement effects" geben.

Obwohl von einigen wenigen Experten auch andere Abgaben in Erwägung gezogen werden, ist doch die große Mehrheit der zeitgenössischen Finanz- und Wirtschaftstheoretiker in Europa wie in den USA der Ansicht, daß die *Einkommensteuer*, daneben ggf. die *Körperschaftsteuer*, am besten geeignet ist, in den Dienst einer flexiblen Inflationsbekämpfungspolitik gestellt zu werden. Im Gegensatz jedoch zu England, wo das Parlament der Regierung seit einigen Jahren in den Finanzgesetzen weitgehende Vollmachten zur Erhöhung gewisser Steuern während des Rechnungsjahres erteilt hat, läßt sich in den USA, ähnlich wie bei uns, ein starker Widerstand von Öffentlichkeit und namentlich Parlament gegen die Delegierung von Steueränderungsbefugnissen an die Regierung (in den USA: den Präsidenten) beobachten[20]. Infolgedessen sind

---

[19] Vgl. dazu namentlich die oben (S. 30, Anmerkung 6) erwähnten „Hearings" sowie den gleichfalls zitierten, darauf gegründeten „Report" über „Tax Changes for Shortrun Stabilization".

[20] Abgesehen von zahlreichen Politikern haben sich u. a. G. *Colm* und J. M. *Buchanan* gegen die Erteilung von Steueränderungsvollmachten an den Präsidenten ausgesprochen.

auch die seinerzeit von der amerikanischen „Commission on Money and Credit" vorgeschlagenen und von *Kennedy* vom Kongreß erbetenen Steuervollmachten von diesem nicht bewilligt worden. Die vor etwa zehn Jahren vielfach empfohlene „formula flexibility", durch die der Regierung Vollmachten gegeben werden sollten, ohne die Entscheidung über deren Inanspruchnahme gänzlich dem freien Ermessen der Exekutive zu überlassen, wird heute von den meisten Finanztheoretikern nicht (mehr) als zweckmäßig angesehen. Dagegen wird in den Vereinigten Staaten neuerdings eine Art Mittellösung vertreten, die vielleicht in ähnlicher Form auch für den Bundestag akzeptabel wäre, nämlich eine sogenannte „*standby legislation*". Danach wäre durch ein einmaliges Gesetz zu bestimmen, daß und wie in Zeiten eines Inflations- bzw. eines Deflationsdrucks gewisse Steuertarifvariationen, z. B. proportionale Veränderungen der Einkommensteuer, durchzuführen wären. Falls ein derartiges Gesetz bestünde, wären, sofern das Parlament darum gebeten wird oder eine solche Maßnahme selbst für erforderlich hält, nur mehr das Maß der Zu- oder Abschläge, ihre Dauer sowie der Zeitpunkt des Inkrafttretens zu bestimmen, was politisch und technisch relativ schnell bewerkstelligt werden könnte. Im Gegensatz zur deutschen finden sich im übrigen in der amerikanischen Literatur konkrete Beispiele dafür, wie man konjunkturpolitisch gebotene Änderungen der Einkommensbesteuerung rasch und ohne übermäßige administrative Schwierigkeiten durchführen könnte[21].

Die Inflation ist offensichtlich ebenso wie die Deflation eine *alle* Bürger interessierende Wirtschaftskrankheit. Schon aus diesem Grunde sollten Gegenmittel gegen sie möglichst *allgemeiner* Natur sein. Wirklich allgemeine und zugleich hinreichend ertragreiche Steuern sind in unserer Zeit nur die Einkommensteuer einerseits, die Umsatzsteuer andererseits. Letztere aber ist m. E., selbst wenn man eine generelle Heraufsetzung ins Auge faßt und nicht etwa nur eine steuerliche Bestrafung der Großbetriebe und/oder des technischen Fortschritts, wie das von der Bundesregierung kürzlich beabsichtigt wurde, u. a. um deswillen relativ weniger als die Einkommensteuer zur Inflationsbekämpfung geeignet, weil sie als echte Kostensteuer, wenn auch nur einmalig bzw. vorübergehend, die vorhandenen Preissteigerungstendenzen noch verstärkt.

---

[21] Vgl. dazu beispielsweise die Ausführungen von H. C. *Wallich* in den „Hearings", a.a.O., S. 69 ff., insbesondere 72 ff., sowie den „Report" über „Tax Changes etc.", a.a.O., S. 9 ff.

C.

Zusammenfassend sei folgendes bemerkt:

Wie dargelegt, gibt es zahlreiche Möglichkeiten und Mittel einer Inflationsbekämpfungspolitik. Es ist unvermeidlich, daß jede Maßnahme die Interessen irgendwelcher Gruppen mindestens vorübergehend negativ berühren wird. Das darf jedoch nicht davon abhalten, eine solche Politik zu verwirklichen. Da im übrigen Inflationsprozesse umso schwerer anzuhalten sind, je länger sie dauern, ist eine rasche Intervention immer am mildesten und zugleich am wirksamsten.

Jedes einzelne Instrument wird ferner umso weniger störende und als ungerecht empfundene Effekte zeitigen, je mehr es mit anderen kombiniert wird. Schon deshalb sind stete Kooperation und Koordination von Geld- und Fiskalpolitik geboten. Daneben sind, wenn möglich und nötig, auch einige der anderen von mir genannten Maßnahmen anzuwenden.

Eine schleichende Inflation wird erst dann bedenklich, wenn sie längere Zeit andauert und ihre Wirkungen sich infolgedessen kumulieren. Auf der einen Seite wäre es daher falsch, von jeder kleinen, etwa ein oder zwei Jahre dauernden Preissteigerung zu behaupten, sie würde zwangsläufig zu einer trabenden oder gar einer galoppierenden Inflation entarten. Auf der anderen Seite ist jedoch stete Wachsamkeit erforderlich, denn eine ungerechtfertigte Bagatellisierung von Inflationsprozessen ist zumindest ebenso gefährlich wie ihre Dramatisierung.

Ob eine schleichende Inflation vorliegt, welche Entwicklung sie unter bestimmten Hypothesen wahrscheinlich nehmen wird und ähnliche Probleme mehr, all das läßt sich heute mit hinreichender Exaktheit bestimmen. Hoffen wir, daß Exekutive und Legislative künftig rechtzeitig Gegenmaßnahmen ergreifen und die Wahrheit der Feststellung erkennen werden, daß eine wirtschaftliche Konjunkturüberhitzung ebenso zu einer Überhitzung der politischen Auseinandersetzungen führen kann, wie u. U. eine ökonomische Krise eine Staatskrise zu erzeugen vermag.

Gesellschaftspolitische Aspekte der Geldentwertung

Von Gottfried Eisermann

„Summum crede nefas animam praeferre pudori et propter vitam vivendi perdere causas."
Juvenal, Sat. 8, 83—84

Die in der modernen Wissenschaftsentwicklung angelegte zunehmende Spezialisierung hat nicht nur zu einem Auseinanderleben von Soziologie und Nationalökonomie geführt, sondern auch zur Folge gehabt, daß bestimmte Verläufe rein immanent, d. h. nur innerhalb bestimmter, aus der Realität herauspräparierter Teilbereiche, wie der „Wirtschaft" oder der „Gesellschaft", betrachtet wurden. Insbesondere die — für die Analyse zunächst gewiß förderliche und bestimmte Zusammenhänge deutlicher hervortreten lassende — Konzeption von „rein" ökonomischen Phänomenen in Zusammenhang mit einer womöglich ausschließlich quantifizierenden Betrachtungsweise mußte schließlich darauf hinauslaufen, daß die soziologischen Effekte bestimmter ökonomischer Phänomene zunehmend aus dem Blickfeld gerieten und schließlich völlig vernachlässigt wurden[1]. Dies gilt insbesondere für das Phänomen der Geldentwertung. Selbstverständlich mußte das, was sich zunächst nur als mangelnde Kraft zur analytischen Reintegration der komplexen Realität ausnehmen konnte, auch schwerwiegende Folgen für die Praxis haben. So hat man z. B. Steuerpolitik bislang, zumindest bis in die allerjüngste Vergangenheit, nur unter fiskalischen, bestenfalls noch nationalökonomischen Gesichtspunkten betrachtet und betrieben. Aber über die Tatsache, daß es nicht allein verwerflich, sondern für den Bestand der

---

[1] Und dies, obschon bereits Vilfredo *Pareto*, der bekanntlich einen erstrangigen Platz unter den Schöpfern der modernen Wirtschaftstheorie einnimmt, immer wieder auf die soziologischen Aspekte der ökonomischen Phänomene, die für eine realistische Analyse unerläßlich sind, hingewiesen hatte, wie z. B. sein Ausspruch belegt: „Ja, man kann sagen, daß es nahezu kein konkretes Phänomen gibt, das ausschließlich ökonomischer Natur sei und nicht vielmehr zugleich ökonomisch und soziologisch. Sehr oft überwiegt sogar der soziologische Teil über den ökonomischen wie z. B. beim Problem von Freihandel und Protektionismus, bei vielen monetären Problemen (sic!), fast allen Tributfragen und anderen ähnlichen" (Fatti e teorie, Firenze 1920, S. 124/5).

Gesellschaft gefährlich ist, wenn die Steuerpolitik im Zusammenhang mit einer schleichenden Geldentwertung Staatsverdrossenheit erzeugt und das Sozialklima ständig verschlechtert, hat man hinweggesehen.

Dabei sind die sozialen Folgen der galoppierenden Inflation, die wir in der jüngsten Vergangenheit erlebt haben und deren Auswirkungen teilweise bekanntlich geradezu welthistorische Ausmaße angenommen haben s. Z. wissenschaftlich noch sehr bald apperzipiert und entsprechend analysiert worden. So hat der große Nationalökonom und Soziologe Franz *Eulenburg*, der noch zu jener Generation von Nationalökonomen gehörte, die das ausgebreitete Wissen und die intellektuelle Kapazität zur selbständigen soziologischen Analyse ökonomischer Phänomene besaßen, sehr bald die sozialen Wirkungen der großen deutschen Inflation nach dem ersten Weltkrieg analysiert, die man folgendermaßen zusammenfassen könnte: die Vermögensverteilung war wesentlich ungleicher gegenüber der Vorkriegszeit geworden, infolgedessen hatte sich der Gegensatz zwischen Besitz und Besitzlosigkeit wesentlich verschärft. Durch die Vernichtung des Kapitalbesitzes des mittleren und kleinen Bürgertums war die Schicht der Real-Besitzer numerisch nunmehr viel kleiner, aber im Verhältnis dazu viel mächtiger geworden als in der Vorkriegszeit, womit eine gesteigerte Entstehung von Konzernen und ihre Verflechtung untereinander zusammenhing. Die soziale Position der Beamtenschaft, deren Besoldungspyramide in einer Weise abgeflacht wurde, daß sie sich nie wieder davon erholte, wurde entscheidend unterminiert, die Kapitalrentner, zumal die Kleinrentner, wurden vollkommen deklassiert und die Arbeiterschaft, innerhalb deren zudem eine starke Nivellierung stattgefunden hatte, wurde sozial entmachtet[2].

Entscheidend erwies sich aber die Deklassierung der bürgerlichen Mittelschichten durch die Inflation, die ihrerseits ja keineswegs vom Himmel gefallen war, sondern durch Menschenhand angeheizt und den berechnenden menschlichen Verstand ausgebeutet wurde, vor allem durch Hugo *Stinnes*, den „größten Inflationsgewinnler aller Zeiten", wie man ihn genannt hat[3], im Verein mit jener sozialen Klasse von Eignern oder Verfügungsberechtigten von Produktionsmitteln, die als Leiter eines größeren selbständigen, technischen, kaufmännischen oder industriellen Betriebes weit über die Entschuldung des Realbesitzes hinaus Vorteile aus der Geldentwertung einheimsten. Jene depossedierten bür-

---

[2] Vgl. Franz *Eulenburg*: Die sozialen Wirkungen der Währungsverhältnisse, in: Jahrbücher für Nationalökonomie und Statistik, Bd. 122 (1924), S. 748—794. Hinsichtlich der Person von Franz Eulenburg vgl. meine Darstellung: Franz Eulenburg, Persönlichkeit und Werk, in: Die Einheit der Sozialwissenschaften, Franz Eulenburg zum Gedächtnis, hrsg. v. W. Bernsdorf u. G. Eisermann, Stuttgart 1955, S. 245—253 (im Anschluß daran auch eine F. E.-Bibliographie).

[3] Kurt *Pritzkoleit*: Die neuen Herren, Wien-München-Basel 1955, S. 45.

gerlichen Mittelschichten aber, denen man durch die Inflation den ökonomischen Boden unter den Füßen weggezogen hatte, bildeten späterhin, wie der große deutsche Soziologe Theodor *Geiger* bereits im Jahre 1932 in seinem noch heute lesenswerten Buch „Die soziale Schichtung des deutschen Volkes"[4] nachwies, das Rückgrat der sogenannten nationalsozialistischen Bewegung. Ungefähr seit den Reichstagswahlen von 1930 hatte die nationalsozialistische Führungsclique ihre Propaganda bewußt und konzentrisch auf den sogenannten Mittelstand vereinigt, da breite Teile des depossedierten Kleinbürgertums zunehmend die Sache des Nationalsozialismus zu der ihren machten. Diesen Prozeß der sozialen Umschichtung infolge der Inflation hatte frühzeitig auch Robert *Michels* bereits erkannt[5], und einem so klugen Beobachter der „Welt von Gestern" wie dem Schriftsteller Stefan *Zweig* war die Zerstörung von Rechtlichkeit und Anständigkeit infolge des in der Inflationsperiode aufgekommenen Raffens und Spekulierens samt allem, was daraus folgte, nicht entgangen[6]. Angesichts so frühzeitig erkannter und verhängnisvoller Folgen der Geldentwertung kann man sich nur wundern, mit welcher Leichtfertigkeit eine vielfach einseitig auf Vollbeschäftigung und ökonomisches Wachstum ausgerichtete Betrachtungsweise und eine davon beherrschte Politik diesen Erscheinungen gegenüberstehen.

Dazu wäre zunächst zu sagen, daß die Geldentwertung einzelnen Schichten der Gesellschaft zunächst so viele vorübergehende Vorteile erbringt, daß jedermann sie in seinem praktischen Verhalten zu begünstigen und der Betrachter sich über ihre Auswirkungen deshalb zu täuschen neigt. Wenn wir jedoch voraussetzungslos und unvoreingenommen das Erscheinungsbild der gegenwärtigen — im Gegensatz zu der eingangs in Erinnerung gerufenen galoppierenden — vorerst nur „schleichenden" Geldentwertung charakterisieren wollen, d. h. von allen, in den meisten Definitionen bereits inhärenten Deutungsversuchen völlig absehen, so bleibt in erster Annäherung als typisches und konstitutives Phänomen der Inflation das Steigen des Preisniveaus übrig[7]. Hält sich

---

[4] Theodor *Geiger:* Die soziale Schichtung des deutschen Volkes, Stuttgart 1932, S. 109—121. Nur am Rande sei erwähnt, daß dieses Buch, dessen Niederschrift einen der Gründe bildet, um deretwillen der Verfasser beim Einmarsch der Nazis in Dänemark sich nur über den Sund schwimmend dem Griff der Gestapo entziehen konnte, einer der bahnbrechenden Wegbereiter dessen gewesen ist, was man später als „empirische Soziologie" nach Deutschland zu reimportieren suchte. Konvergierende Beobachtungen hatte s. Z. auch bereits Rudolf *Heberle* angestellt, obschon er sie erst kürzlich publizieren konnte (Zur Soziologie der nationalsozialistischen Revolution. Notizen aus dem Jahre 1934, in: Vierteljahreshefte für Zeitgeschichte, 13. Jg., 1965, S. 438—445).
[5] Vgl. Robert *Michels:* Umschichtungen in den herrschenden Klassen nach dem Kriege, Stuttgart-Berlin 1934, S. 103—108.
[6] Vgl. Stefan *Zweig:* Die Welt von Gestern. Stockholm 1944, S. 432—433. Vgl. auch Hans *Ostwald:* Sittengeschichte der Inflation, Berlin 1931.
[7] Werner *Hofmann:* Die säkulare Inflation, Berlin 1962, S. 9.

dieses Steigen des Preisniveaus in einem Rahmen von etwa 2 bis 3 % im Jahr, so spricht man von „schleichender Inflation", „leichter Inflation", „säkularer Inflation" oder auch „chronischer Inflation", wobei die beiden letzteren Bezeichnungen das Zeitmoment — die lange Dauer — besonders betonen, im Grunde jedoch dasselbe meinen[8]. Anders als bei der sogenannten galoppierenden Inflation, auf die wir in unseren Ausführungen bereits kurz eingingen, erfüllt das Geld bei der schleichenden Inflation weiterhin seine Funktionen als Tauschmittel, Rechnungseinheit und in begrenztem Maße auch noch die Funktionen des Wertmaßstabes und des Wertaufbewahrungsmittels. Da die sozialen Folgen der galoppierenden Inflation, auf die wir weiter unten auch nochmals zurückkommen werden, zu offensichtlich sind, als daß sie übersehen werden könnten, wollen wir uns im folgenden in unseren Betrachtungen zunächst auf die schleichende Inflation konzentrieren.

Zunächst ist nun zu sagen, daß das Phänomen der schleichenden oder säkularen Inflation um so erstaunlicher wirkt, wenn man in Betracht zieht, daß in der Epoche ihrer Wirksamkeit erhebliche Produktivitätsfortschritte erzielt wurden, die eigentlich zu Preissenkungen hätten führen müssen. Es genügt daher nicht, nur die absolute Steigerung der Preise zu berücksichtigen (absolute Inflation), vielmehr muß auch das Verharren des Preisniveaus bei gleichzeitiger Erhöhung der gesamtwirtschaftlichen Produktivität (relative Inflation) in die Betrachtung einbezogen werden. Streng genommen ist also Inflation immer dann gegeben, „wenn das Preisniveau der langfristigen Erhöhung der Produktivität, wie sie unserer Wirtschaftsweise eigen ist, nicht folgt, gleichgültig, ob die Preise steigen oder nicht"[9]. Nach dieser Klarstellung, die mehr als nur definitorischer Natur ist, wollen wir uns nun zunächst einigen methodischen Bemerkungen im Hinblick auf unsere Darstellung zuwenden.

Selbstverständlich sind allgemeingültige Aussagen über die Auswirkungen von Inflationen nur unter Zuhilfenahme von recht weitreichenden Generalisationen möglich. Auch hier wie sonst müssen wir bei der Betrachtung der komplexen Realität analytisch im Abstrakten voneinander trennen, was im Konkreten synthetisch miteinander verbunden ist. Selbstverständlich gedenken wir auch hierbei strikt im logisch-erfahrungsmäßigen Bereich wissenschaftlicher Betrachtung zu verharren und ihn nicht etwa beispielsweise ins Normative zu transzendieren — auch wenn wir auf bestimmte „schädliche" Aspekte der Geldentwertung

---

[8] Der konstatierte Vorgang der Preissteigerung darf dabei nicht lediglich Kennzeichen eines zyklischen Aufschwungs der Konjunktur sein, sondern muß sich als Trend ergeben. Vgl. Herbert *Giersch:* Inflation, in: HdSW, Bd. 5, Stuttgart-Tübingen-Göttingen 1956, S. 285, sowie F.-K. *Läge:* Die säkulare Inflation, Frankfurt a. M. 1959, S. 82.

[9] Werner *Hofmann*, a.a.O., S. 9.

hinweisen müssen. „Übrigens verläßt man nicht das logisch-erfahrungsmäßige Feld, wenn man die soziologischen und die ökonomischen Aspekte getrennt betrachtet; man würde es vielmehr verlassen, wenn man nicht danach diese Teile wieder vereinigte, um jenes Ganze zu erhalten, das allein erfahrungsmäßige Realität besitzt und das wir wegen der Bequemlichkeit des Studiums vorher willkürlich in abstrakte Teile auseinandergenommen haben"[10]. Will man deshalb die verschiedenen sozialen Folgen einer schleichenden Inflation beurteilen, so erscheint es zweckmäßig, zunächst zu überprüfen, ob durch sie die Erreichung der für die herrschende Wirtschaftsordnung aufgestellten Ziele begünstigt, behindert oder sogar vereitelt wird. Als solche Ziele der herrschenden Wirtschaftsordnung, die vielfach als „soziale Marktwirtschaft" apostrophiert wird, werden gemeinhin, ohne daß wir mit ihrer Aufzählung eine Dringlichkeitsabstufung verbänden, die folgenden angesehen:

1. Ein möglichst stabiles Preisniveau bei Berücksichtigung von Qualitätsveränderungen und Produktivitätsfortschritten.

2. Die weitgehende Vollbeschäftigung aller verfügbaren Produktionsfaktoren, insbesondere des Faktors Arbeit.

3. Eine periodisch möglichst ausgeglichene Zahlungsbilanz mit der Gesamtheit aller Handelspartner.

4. Ein möglichst hohes, stetiges und gleichgewichtiges Wachstum des realen Bruttosozialproduktes.

5. Eine als „gerecht" empfundene Verteilung von Einkommen und Vermögen.

Glücklicherweise brauchen wir hier nicht zu klären, ob und inwiefern diese Ziele eo ipso miteinander zu Zielkonflikten oder gar Widersprüchen führen müssen, so daß wir die möglicherweise daraus resultierenden Beeinträchtigungen ihrer Erreichbarkeit hier außer Betracht lassen können. Hier geht es uns vielmehr nur darum, die sozialen Effekte aufzudecken, die auf eine schleichende Inflationierung zurückzuführen sind. Wir wollen uns daher nacheinander den Einwirkungen der Geldentwertung auf die verschiedenen angeführten Ziele zuwenden und uns zunächst mit den direkten Folgen eines Verstoßes gegen die Preisstabilität beschäftigen.

Dazu ist zunächst zu sagen, daß eine schleichende Inflation ex definitione gegen die Zielsetzung der Preisstabilität verstößt. Selbstverständlich kann diese ohnehin immer nur eine relative sein, da Qualitätsveränderungen, Produktivitätsfortschritte und Veränderungen im Verhält-

---

[10] Vilfredo *Pareto:* Fatti e teorie, a.a.O., S. 125.

nis von Angebot und Nachfrage in einem marktwirtschaftlichen System geradezu zwangsläufig dauernde Preisschwankungen bewirken. Trotzdem ist das Postulat eines stabilen Preisniveaus als realistisch anzusprechen, wenn man von Produkten gleicher Qualität ausgeht und annimmt, daß Produktivitätsfortschritte in höheren residual- und kontraktbestimmten Einkommen entlohnt werden (wenn auch teilweise mit einem gewissen time-lag).

Selbstverständlich besitzt diese relative und langfristige Preisstabilität noch keinen Wert an sich. Preisstabilität wäre sinnvollerweise nur zu fordern, wenn, unter vorläufiger Vernachlässigung der oben erwähnten sonstigen Zielkomplexe, der „soziale" Charakter der Marktwirtschaft oder sogar diese selbst anderenfalls in Gefahr gerieten. Hält man sich die volkswirtschaftliche und gesellschaftliche Bedeutung von Preisen und des Geldes generell vor Augen, so ist dieser Schluß in der Tat zwingend. Das alles andere dominierende Grundprinzip einer Marktwirtschaft ist der Wettbewerb der Marktparteien, ob sie nun als Käufer oder als Anbieter auftreten. Die Funktion, die eine Marktwirtschaft jeder anderen Wirtschaftsordnung ökonomisch überlegen macht, also die durch den Marktautomatismus bewirkte Funktion der Leistungsstimulation im Zusammenhang mit der Steuerungs- und Koordinationsfunktion, übt der Wettbewerb allein auf Grund des marktwirtschaftlichen Preismechanismus aus. Ein voll funktionsfähiges, von marktfremden Einflüssen ungestörtes Preissystem ist daher die Lebensgrundlage der Marktwirtschaft.

Hierin liegt die Berechtigung der Forderung nach einem stabilen, von inflationären Tendenzen nicht verfälschten Preisniveau. Denn das Geld, das die Aufgabe hat, in Form von Preisen die wirtschaftlichen Tatsachen zu werten, zu messen und in ihrem Wert über lange Zeiträume hin vergleichbar zu machen, kann diesen Anforderungen offensichtlich dann nicht gerecht werden, wenn es fortwährend durch Inflation verfälscht wird[11]. In seinem verdienstvollen Buch „Zur sittlichen Beurteilung von Inflationen" führt F. *Beutter* die wirtschaftsschädigenden Einflüsse von Preisverfälschungen durch Inflation in diesem Sinne fast katalogmäßig auf: „Der Preismechanismus hört auf, die volkswirtschaftlichen Kräfte richtig zu leiten, da ‚Verfälschungen der Kostenrechnung' eintreten. Die Preiskalkulation auf der Grundlage der Gestehungskosten wird unrichtig und gefährlich... Die Inflation bringt einen Aufschlag auf die Preise, der keinen wirtschaftlichen Wert widerspiegelt... Einkommen, welche

---

[11] So schreibt Walther *Eucken:* „Alle Bemühungen, eine Wettbewerbsordnung zu verwirklichen, sind umsonst, solange eine gewisse Stabilität des Geldwertes nicht gesichert ist. Die Währungspolitik besitzt daher für die Wettbewerbsordnung ein Primat" (Grundsätze der Wirtschaftspolitik, 5. Aufl., Tübingen 1963, S. 161).

auf ihrer früheren Höhe stehenbleiben oder nicht im Ausmaß der Inflation wachsen, sind kein richtiger Ausdruck mehr für gleichgebliebene Leistung; Gewinne der Unternehmungen bestehen nicht in der ausgewiesenen Höhe und sind möglicherweise Verluste und Kapitalverzehr ... Das betriebliche Rechnungswesen kann frühere Wertansätze nicht übernehmen, weil diese mit den heutigen nicht ohne weiteres vergleichbar sind[12]." In der Tat ist dem wenig hinzuzufügen.

Daneben ist jedoch auf sozialpsychologische und soziologische Schäden hinzuweisen, die sich geradezu zwangsläufig aus den eben geschilderten Zuständen ergeben. Wenn das Geld keinen zuverlässigen Maßstab mehr für das tatsächliche wirtschaftliche Geschehen bietet, kommt notwendigerweise Unsicherheit in den Wirtschaftsprozeß, die sich auf die Marktparteien übertragen muß. Die nicht mehr leistungsgerechte Entlohnung der Produktionsfaktoren setzt nicht nur die oben aufgezeigten Grundfunktionen des Wettbewerbs außer Kraft, sondern führt auch zu Mißtrauen zwischen den Wirtschaftspartnern, zu Furcht, getäuscht und hintergangen zu werden, und letztlich zu einer immer weiter um sich greifenden „Inflation der Angst"[13]. Dies sind Prozesse, die schließlich auf ein „asoziales" Wirtschaftsverhalten hinauslaufen müssen.

Selbstverständlich bleiben die wirtschaftlichen und soziologischen Folgen der Inflation nicht isoliert. Sondern sie wirken tiefer in den gesellschaftlichen Raum hinein, indem sie die Sozialstruktur in Mitleidenschaft ziehen. Die Inflation bewirkt ungewollte, kaum kontrollierbare und daher auch nicht steuerbare gesellschaftliche Differenzierungsprozesse, indem sie bestimmte Gruppen der Gesellschaft begünstigt und andere benachteiligt, worauf später noch näher einzugehen sein wird. Der Dispositionsspielraum für die wirtschaftlichen Aktivitäten insgesamt wird darüber hinaus durch sie eingeengt. So höhlt die Inflation ungleichmäßig die wirtschaftliche Selbständigkeit und die Möglichkeit eigener Lebenssicherung und Lebensvorsorge aus, indem sie, wie wir bereits früher sahen, die Zunahme der sozial Unselbständigen und Abhängigen begünstigt[14]. Mit Recht kann man daher behaupten: Nur stabiles

---

[12] F. *Beutter:* Zur sittlichen Beurteilung von Inflationen, Freiburg-Basel-Wien 1965, S. 145 f. Vgl. auch Walther *Eucken,* a.a.O., S. 161.

[13] Dieser plastische Ausdruck stammt von M. *Höpker-Aschoff:* Diskussionsbeitrag, in: Währung zwischen Politik und Wirtschaft, Schriftenreihe der Friedrich-Naumann-Stiftung, Nr. 4, Stuttgart 1962, S. 203.

[14] So kommt Horst *Jecht* zu dem Ergebnis, daß die Erosion der Mittelschicht, die wachsende Abhängigkeit der Einzelnen von Verbänden und Machtgruppen sowie die zunehmende Bedeutung des Sozialetats in der staatlichen Wirtschaftspolitik Merkmale eines inflationären Prozesses sind (Staatliche Wirtschaftspolitik und Einkommensverteilung, in: Einkommensbildung und Einkommensverteilung, Schriften des Vereins für Socialpolitik, NF 13, 1957, S. 140 ff.).

Geld ist sozial. Denn, so muß man zusammenfassend sagen, die Inflation zerstört die Grundprinzipien des marktwirtschaftlichen Systems, indem sie nicht allein den wettbewerbsregulierenden und leistungsanregenden Preismechanismus behindert, sondern sie löst auch unkontrollierbare und willkürliche, weil weder durch ökonomische Leistungen, noch durch gesellschaftliches Verdienst berechtigte soziale Differenzierungsprozesse aus. Ein stabiles Preisniveau ist folglich nicht nur ein verschönerndes Anhängsel eines marktwirtschaftlichen Systems, sondern ihr unverzichtbarer, existentiell notwendiger Bestandteil.

Wenden wir uns nunmehr der Frage zu, ob Inflation dem Ziel der Vollbeschäftigung dienlich sei. Nicht erst seit *Keynes'* „General Theory" ist bekannt, daß in bestimmten, durch ungenügende monetäre Gesamtnachfrage gekennzeichneten Situationen eine unterbeschäftigte Wirtschaft mit Mitteln der staatlichen Finanz- und Kreditpolitik zur Vollbeschäftigung zurückgeführt werden kann. Auf Grund der einschneidenden Erfahrungen der dreißiger Jahre ist das Postulat der Vollbeschäftigung aller produktiven Kräfte, insbesondere aber der Arbeitskräfte, nicht zuletzt um den verheerenden sozialen Folgen einer ausgedehnten Arbeitslosigkeit vorzubeugen, in den letzten Jahrzehnten sogar so sehr in den Vordergrund der staatlichen Wirtschaftspolitik gerückt, daß es alle sonstigen Ziele zu dominieren scheint. Hielt man dabei zunächst noch eine fluktuierende Arbeitslosigkeit von etwa 3 bis 4 % als durchaus mit dem erwähnten Ziel vereinbar, so läuft die Forderung heute auf eine 100 %ige Beschäftigung, unter Umständen sogar auf eine zusätzliche Hinzuziehung ausländischen Arbeitspotentials, also Überbeschäftigung, hinaus[15]. Es kann dabei keinem Zweifel unterliegen, daß eine soziale Ausgestaltung der Marktwirtschaft mit einer größeren Arbeitslosenziffer nicht kompatibel ist. Es gilt jedoch abzuwägen, ob die totale Vollbeschäftigung (und erst recht die Überbeschäftigung), erzeugt durch einen inflationistischen monetären Überdruck, nicht größere soziale Konflikte impliziert als eine leichte, fluktuierende Unterbeschäftigung. Denn die Erkenntnis, daß nicht beides gleichzeitig zu erreichen ist, stabiles Geld und totale Vollbeschäftigung (bzw. Überbeschäftigung), scheint sich heute in der Wirtschaftstheorie allgemein durchgesetzt zu haben[16].

---

[15] Vgl. Volkmar *Muthesius*: Inflation, Frankfurt (M), 1958, S. 83 f.

[16] Es darf vielleicht angemerkt werden, daß Keynes selbst „Vollbeschäftigung" bei einer Arbeitslosenquote von 3 bis 4 % als erfüllt ansah, und sich deshalb die gegenwärtigen inflationistischen Überbeschäftigungstheoretiker ebensowenig legitim auf ihn berufen können wie gewisse kirchliche Autoritäten in ihrer Forderung nach schrankenloser Vermehrung des Menschengeschlechts auf das biblische Gebot „Seid fruchtbar und mehret Euch und füllet die Erde!". Denn von Überfüllung ist weder in dieser Aufforderung der „Genesis" noch sonst bei der Bibel irgendwo die Rede. Auch bei Keynes wird man vergeblich nach einem Beleg zur Stützung der Forderung nach Überbeschäftigung suchen. So entwickelte Keynes unter dem Eindruck der Inflation zur Vervollständi-

Nun erscheint allerdings die totale Vollbeschäftigung, auch abgesehen von den sonstigen, direkt inflationsbedingten Schäden, die sie mit sich bringt, als gar kein erstrebenswertes Ziel, weil zunächst ökonomisch gesehen ein Markt ohne Reserven, ein Markt, der sich nicht dauernd räumt und dauernd wieder füllt, keine zuverlässige Preisbildung mehr besorgen und mithin seine existenziellen Funktionen nicht mehr erfüllen kann. Die durch einen staatlichen konjunkturpolitischen Perfektionismus erreichte hundertprozentige Vollbeschäftigung und schließlich gar Überbeschäftigung bewirkt offensichtlich Marktstörungen, die wiederum den oben bereits aufgezeigten Wettbewerbsmechanismus in seinen Funktionen behindert. Wenn auf Grund von akutem Mangel an Arbeitskräften Unternehmer auch übertriebenen Lohnforderungen kaum noch Widerstand entgegensetzen, erfüllt der Lohn offenbar nicht mehr seine Funktion, als Leistungsanreiz zu wirken, d. h. der Preis der Arbeit steht nicht mehr in dem für höchste Leistung notwendigen unmittelbaren Verhältnis zu ihrem Ertrag.

Mit beinahe überspitzter Deutlichkeit hat Volkmar *Muthesius* auf diesen wichtigen Zusammenhang hingewiesen: „Wenn es bei zu reichlicher Geldausstattung des wirtschaftlichen Lebens, bei steigenden Preisen und locker in den Taschen der Menschen sitzendem Geld auch am Markt der Arbeit zu bequem zugeht, wenn auch die Arbeit einen Verkäufermarkt hat, wenn es schwer ist, gute Arbeitskräfte zu bekommen, wenn also auch hier der Grad der Konkurrenz sinkt, dann verdünnt sich unweigerlich die Arbeitsmoral, läßt das Streben nach bester Leistung nach, stumpft sich der Wille zum Vorwärtskommen ab — und zugleich macht sich Gleichgültigkeit breit gegenüber dem Geldwertverfall, der auf dem Sumpfboden dieser weichgewordenen Arbeitsmoral seine Blüten treibt[17]." Darüber hinaus kann eine aus dem unmittelbaren Konnex von Leistung und Gegenleistung herausgerissene Entlohnung selbstverständlich auch nicht mehr voll die Steuerungsfunktion erfüllen, mit deren Hilfe die Produktionsfaktoren an den Ort ihres jeweils rentabelsten Einsatzes gelenkt werden.

Nun könnte man trotz aller guten Gründe für die Verwerfung des Zieles der totalen Vollbeschäftigung eine ständige Arbeitslosenziffer von 3—4 % für unsozial halten, auch wenn durch eine solche Politik der Volkswohlstand insgesamt steigen würde. Unsozial wäre diese Politik aber nur, wenn es sich dabei um immer dieselben Menschen handeln

---

gung seines Instrumentariums späterhin auch das Konzept des „inflationary gap" und empfahl zur Bekämpfung der Inflation sogar das Zwangssparen (vgl. Seymour E. *Harris:* John Maynard Keynes, New York und London 1955, S. 121 ff.), wie auch seine Theorie überdies ebensowohl die Instrumente zur Analyse einer Deflation wie einer Inflation zur Verfügung stellt.

[17] Volkmar *Muthesius:* Inflation, a.a.O., S. 100.

würde, gleichsam um ein Berufsheer von Arbeitslosen, die berüchtigte „industrielle Reservearmee". Die mäßige Fluktuationsarbeitslosigkeit ist jedoch dadurch gekennzeichnet, daß sie den einzelnen nur für kurze Zeit, also vorübergehend, außer Arbeit setzt, d. h. die statistische Zahl bleibt immer ungefähr die gleiche, wechselt aber dauernd ihren menschlichen Inhalt. Es bleibt abzuwägen, ob die Arbeitnehmer letztlich nicht eine Politik des leichten Geldes sozial härter trifft, als die Auswirkungen einer vernünftigen Vollbeschäftigungspolitik, die vor der Gefahrengrenze Halt macht. Die weitere Untersuchung der sozialen Folgen der schleichenden Inflation wird zwingend deutlich machen, daß die tatsächlichen Ergebnisse der übertriebenen Vollbeschäftigungspolitik ihren angeblichen Nutznießern letztlich mehr schaden als nützen.

Zunächst jedoch wollen wir uns der Gefährdung des Zahlungsbilanzausgleichs durch die Inflation zuwenden. Jede moderne Industrienation ist heute ja durch ein Netz von Handelsbeziehungen mit allen oder fast allen anderen Staaten verknüpft. Der freie internationale Güteraustausch war überhaupt erst eine der Voraussetzungen für den steigenden Wohlstand in den industrialisierten Ländern. Im gleichen Maße, in dem die Güter- und Leistungsströme stiegen, stiegen auch die ihnen entsprechenden, in entgegengesetzter Richtung fließenden Geldströme. Soll der internationale Handel keine Störungen erfahren, so ist notwendig, daß sich langfristig die Güter- bzw. Leistungsströme und die Geldströme in beiden Richtungen zwischen einem Land und der Gesamtheit der anderen Länder wertmäßig entsprechen, d. h. die Handels- und Dienstleistungsbilanz mit der Gesamtheit aller Handelspartner muß langfristig ausgeglichen sein.

Steigt aus inflationsbedingten Gründen in einem exportorientierten Land, beispielsweise in einem so exportabhängigen wie es die Bundesrepublik Deutschland ist, das inländische Preisniveau schneller als das in den Ländern seiner Handelspartner, so muß dies zu einer schwerwiegenden Beeinträchtigung seiner internationalen Wettbewerbsfähigkeit und schließlich zu einem Rückgang des Exports führen, der für die Erhaltung des auf hohem Produktionsniveau gegründeten Lebensstandards notwendig ist. Die Kürzung des Devisenzustroms aus Exporterlösen erzwingt, zumindest langfristig, d. h. wenn etwaige Reserven aufgebraucht sind, auch eine Verringerung der Devisenausgaben für Importe und Dienstleistungen des Auslandes, wie z. B. Urlaubsreisen, und damit bereits eine Minderung des Lebensstandards. Dieser wird noch drastischer gesenkt durch die, zuerst in der Exportindustrie, dann aber überall, erforderlich werdenden Einschränkungen bei Neu- und Ersatzinvestitionen sowie den allmählichen Abbau der Über- und Vollbeschäftigung. Damit wird genau das erreicht, was alle Befürworter der totalen Vollbeschäftigungspolitik und viele Sozialpolitiker zu Recht vermeiden wollen: die deflatorische Krise als das gesellschaftspolitische Verhängnis schlechthin. Eine ernste deflatorische Krise jedoch wäre heute politisch nicht mehr zu meistern und würde das vorläufige Ende der westlichen Demokratien bedeuten.

Bisher sind diese Folgen der schleichenden Inflation, die ihrem Wesen nach eine Besteuerung gerade der sozial und ökonomisch schwächsten Kreise der Gesellschaft darstellt, noch nirgendwo in ihrer vollen Härte sichtbar geworden. Das hat verschiedene Gründe. Einmal ist die Inflation in allen wichtigen Welthandelsländern ziemlich gleichmäßig vorangeschritten, u. a. auch deshalb, weil das derzeitige Weltwährungssystem dahin tendiert, die monetäre Entwicklung in den angeschlossenen Ländern zu synchronisieren, indem es Inflation exportiert. Zum anderen ist es bisher noch immer gelungen, allzu bedrohliche Erscheinungen rechtzeitig genug zu bremsen. Die Mithilfe der Partnerstaaten, die hierbei oft von ausschlaggebender Bedeutung war, trug allerdings nie altruistische Züge, sondern geschah in der wohlbegründeten Erkenntnis, daß Fehlentwicklungen in einem Land letztlich nicht isoliert bleiben können. Es zeigt sich somit, daß die Inflation auch über den Umweg über den Außenhandel, das Währungssystem oder den Zahlungsbilanzausgleich zu schweren gesellschaftspolitischen Schäden führen kann, die gravierender sein werden als eine geringe fluktuierende Arbeitslosigkeit, die durch ausreichende Unterstützung für die Betroffenen sozial entsprechend gemildert wird.

Die Frage, ob Inflation das Wirtschaftswachstum fördert, birgt ungleich größere Schwierigkeiten für unsere Betrachtung. Mit wirtschaftlichem Wachstum bezeichnet man bekanntlich die kontinuierliche Vergrößerung des realen Volkseinkommens. Solange Produktionsfaktoren unterbeschäftigt sind, läßt sich das Wachstum offensichtlich allein schon durch ihre Vollbeschäftigung erhöhen. Bis zu diesem Punkt steigen monetäres und reales Volkseinkommen in gleichem Maße, es kommt noch nicht zu inflationistischen Erscheinungen. Diese treten bekanntlich erst dann auf, wenn Kapazitäten knapp werden, d. h. wenn es zu Engpässen im Angebot der Produktionsfaktoren kommt. Bei Vollbeschäftigung aller Produktionsfaktoren kann ein weiteres reales wirtschaftliches Wachstum nur noch erzielt werden durch Vermehrung dieser Produktionsfaktoren oder durch ihre bessere Allokation bzw. durch technischen Fortschritt.

Falls die Inflation auf dem Wege eines oder mehrerer dieser Einflußfaktoren die Vergrößerung des realen Volkseinkommens beschleunigen würde, könnte man dies eventuell als einen sozialen Rechtfertigungsgrund ansehen, da hierdurch die Versorgung der Gesellschaft mit Gütern und Diensten langfristig verbessert würde. Die tatsächliche Einwirkung der Inflation auf den gesamtwirtschaftlichen Wachstumsprozeß ist jedoch unter allen inflationären Folgeerscheinungen in der Literatur am meisten kontrovers geblieben. Glücklicherweise kann es nicht unsere Aufgabe sein, diese Kontroverse hier etwa zu entscheiden. Die überwiegende Mehrheit der Autoren scheint jedoch — und mit gewichtigeren Gründen — mehr die wachstumsfeindlichen Effekte der Inflation zu betonen. Es wurde ja auch bereits mehrfach auf die Tendenz zu Preisverfälschungen durch Inflation hingewiesen, durch die die optimale Lenkung und Steuerung der knappen produktiven Reserven an die Plätze ihrer bestmöglichen Verwendung verhindert wird. Da bei Vollbeschäftigung der Produktionsfaktoren über deren natürliches Wachstum hinausgehendes gesamtwirtschaftliches Wachstum nur erreicht werden kann durch ihre Besserverwendung bzw. durch optimalere Allokation, muß der gerade dieses verhindernde Effekt von Inflationen zu Wachstumsstörungen führen[18]. Hinzu kommen die Erschlaffung der unternehmerischen Initiative als Reaktion auf einen verringerten Konkurrenzdruck in Zeiten eines anhaltenden Verkäufermarktes, die Erhaltung von Grenzproduzenten, die Sicherung von Gewinnen für intramarginale Betriebe auch ohne Rationalisierungsmaßnahmen, die Herausbildung von kartellähnlichen Angebotsformen und Übersetzungserscheinungen insbesondere im Bereich der Güterverteilung und des Zwischenhandels.

Man könnte ferner argumentieren, daß auf Grund der nicht-optimalen Allokation der Produktionsressourcen trotz statistischer Vollbeschäftigung eigentlich eine verschleierte Unterbeschäftigung herrsche. Demzufolge müßte auch bei anhaltenden Steigerungen des nominellen Volkseinkommens das Realeinkommen wegen mangelnder Produktionssteigerungen und einer Fehlleistung der Produktivkräfte in der Inflation langfristig stagnieren. Diese Erscheinungen müssen nicht nur zu einer völligen Zersetzung der marktwirtschaftlichen Ordnung, sondern letztlich auch zu einer Zerstörung des gesellschaftlichen Gefüges führen[19].

So scheinen im ganzen, selbst bei sehr vorsichtiger Bewertung der vorgebrachten Begründungen, die negativen Einschätzungen der Inflation auf das wirtschaftliche Wachstum logisch zwingender zu sein, so daß zumindest von einer eindeutig positiven Beeinflussung des gesamtwirtschaftlichen Wachstums durch die Inflation nicht gesprochen werden kann. Damit müssen dann auch alle Versuche entfallen, die schleichende Geldentwertung doch noch dadurch zu rechtfertigen, daß man ihr wohlstandsfördernde und darum sozialpolitisch erwünschte Wirkungen zu-

---

[18] Hierauf gründet z. B. u. a. Herbert *Giersch* seine negative Beurteilung der langfristigen Wachstumseffekte von Inflationen (a.a.O.). Etwas weniger stark schätzt diesen Einfluß ein G. L. *Bach:* Inflation, Providence, Rhode Island 1958, S. 59 ff.

[19] Mit sehr ähnlichen Argumenten kommt auch F.-K. *Läge* zu dem Ergebnis, daß die säkulare Inflation nur eine wirtschaftliche Scheinblüte zu treiben vermag (Die säkulare Inflation, a.a.O., S. 83).

schreibt. Viele Autoren stimmen darin überein, daß langfristig eher das Gegenteil der Fall sein wird.

Wir können uns demnach der wohl wichtigsten Frage in diesem Zusammenhang, nämlich den Effekten der Inflation auf die Einkommensverteilung zuwenden. Die soziale Ausgestaltung des marktwirtschaftlichen Systems erfordert eine als „gerecht" empfundene Verteilung aller Einkommen, also sowohl der Einkommen aus jetziger Erwerbstätigkeit, als auch der Einkommen aus früherer Erwerbstätigkeit, wie Renten, Pensionen und dgl. Unter welchen Bedingungen eine bestimmte Einkommensverteilung als gerecht bzw. ungerecht zu gelten hat, ist dabei eine offene Frage, die glücklicherweise hier nicht geklärt zu werden braucht. Wesentlich in diesem Zusammenhang ist nur, daß durch die schleichende Geldentwertung Einkommen in unterschiedlichem Maße in ihrer Höhe beeinflußt werden, und zwar so, daß bestimmte Gruppen von Einkommensempfängern gegenüber anderen benachteiligt werden, wobei aber auch innerhalb der benachteiligten bzw. begünstigten Gruppen noch Differenzierungsprozesse zu beobachten sind[20].

Es ist nicht möglich, die Distributionseffekte von Inflationen auf eine einfache Formel zu bringen, da zu viele Determinanten berücksichtigt werden müssen[21], von denen nur einige hier explicit aufgeführt werden sollen. Offenbar entscheidet bereits die Art der Einkommensquelle darüber, in welchem Maße man sich der Geldwertminderung entziehen kann. Je starrer ein Einkommen ist, um so stärker wird es von der Geldwertminderung betroffen. Unelastische Einkommensquellen in diesem Sinne sind ohne Frage der Zins und die Rente. Aber — und dies ist vielleicht noch wichtiger — es werden auf diese Weise nicht allein bestimmte Gruppen von Einkommensbeziehern, sondern ein bestimmter soziologischer Menschentyp betroffen, den *Pareto* nicht zufällig als „Rentner" im Gegensatz zu den trick- und kombinationsreichen „Spekulanten" bezeichnet hat[22]. Das sind jene Menschen, in denen die residualen Gefühlsstrukturen der Gruppenpersistenz überwiegen, der beharrenden Bindungen an Familie, soziale Klasse, demographische und geographische Ortschaft der Herkunft usw., und die mithin den eigentlichen Sozialzement des vielschichtigen Konglomerats der Gesellschaftsordnung darstellen.

---

[20] Vgl. zu diesem Fragenkomplex auch F. *Beutter,* a.a.O., S. 140 f.
[21] Vgl. A. *Ando* und G. L. *Bach:* The Redistributional Effects of Inflation, in: The Review of Economics and Statistics, vol. XXXIX, Cambridge, Mass. 1957, S. 1—13.
[22] Vilfredo *Pareto:* Trattato di Sociologia generale, 3. Aufl., vol. II, Milano 1964, §§ 2227—2244, S. 661—675; §§ 2310—2317, S. 746—767 und §§ 2556—2557, S. 962—964. Die im Text gebrauchten Bezeichnungen „Rentner" und „Spekulanten" sind dabei als synonym mit „Löwen" und „Füchsen" anzusehen. Hinsichtlich der geistesgeschichtlichen Wurzeln dieser Unterscheidung vgl. S. 235—236, Anm. 4 meines Buches: Vilfredo Paretos System der allgemeinen Soziologie, Stuttgart 1962.

Es handelt sich deshalb nicht nur darum, daß die „Rentner" ihrer Einkommen und Vermögen beraubt, sondern daß diese für den Bestand der Gesellschaft unerläßlichen beharrenden Gefühlsstrukturen proportional zurückgedrängt, zerstört und vermindert werden. Denn zwar verharrt eine Gesellschaft, in der fast ausschließlich die Träger jener persistierenden Gefühlsstrukturen überwiegen, nahezu unbeweglich, wie kristallisiert, jedoch ermangelt andererseits eine Gesellschaft, in der die trick- und kombinationsreichen „Spekulanten" ein großes Übergewicht besitzen, der Stabilität und vermag lediglich ein instabiles Gleichgewicht zu erlangen, das jederzeit durch einen leichten Anstoß, komme er nun von innen oder von außen, über den Haufen geworfen werden kann.

Bei beiden, den Zins- und Rentenbeziehern ist ökonomisch gesehen allerdings in gewissem Maße eine Anpassung an die Geldwertentwicklung möglich, beim Zins durch entsprechende Antizipation der Geldentwertung im Zinsfuß, bei der Rente durch ihre dynamische Ausgestaltung in der Form einer Bindung an das allgemeine Preis- und Einkommensniveau, d. h. also dadurch, daß sich die „Rentner" eine gewisse „spekulatorische" Elastizität des Verhaltens zu eigen machen. In dem hiermit verbundenen „Indexdenken" liegt jedoch bereits, wiederum „rein" ökonomisch betrachtet, eine große Gefahr, da es, wenn es Allgemeingut wird (und Ansätze dafür sind z. B. auch schon in der Lohnpolitik zu erkennen), die bisher noch schleichende Inflation bald zu schnellerer Gangart antreiben wird[23]. Inwieweit es den Zins- und Rentenempfängern tatsächlich gelungen ist, mit Hilfe dieser Methoden ihren „natürlichen" Nachteil einigermaßen wettzumachen, läßt sich nur schwer beurteilen, doch wird man nach alledem in der relevanten Verarmung der Zins- und Rentenempfänger ein gesellschaftspolitisches Verhängnis sehen müssen.

Den Zins- und Rentenbeziehern stehen diejenigen gegenüber, die ein elastischeres Einkommen beziehen, das der generellen Preisentwicklung angepaßt werden kann. Diese Anpassungsfähigkeit ist offensichtlich zunächst bei denen am größten, die dem Produktionsprozeß am nächsten stehen (d. h. die als Anbieter von Gütern und Arbeitskraft sich das vergrößerte Geldvolumen durch Preis- respektive Lohnerhöhungen zunutze machen können). Die Hauptbegünstigten sind demnach die Unternehmer und gewisse Gruppen von Arbeitern, die sich nicht erst seit gestern in Zeiten inflationistischer Geldaufblähung auf dem Wege der „Lohnerhöhung" — nicht nur der Tarif-, sondern vor allem auch der Effektivlöhne einschließlich der Nebenleistungen — in einem versteckten oder manifesten Akkord der Interessen zu treffen pflegen, und daneben

---

[23] Vgl. J. P. *Bethmann:* Gesellschaftspolitische Folgen einer permanenten Geldentwertung, in: Schriftenreihe der Friedrich Naumann-Stiftung, a.a.O., S. 189; F.-K. *Läge,* a.a.O., S. 83; F. *Beutter,* a.a.O., S. 144.

der Staat, dem die schleichende Inflation die kontinuierliche Aufblähung der „Staatsaufgaben" gestattet. Der Zweck der inflatorischen Geldaufblähung besteht selbstverständlich vom Standpunkt der „spekulatorischen" Unternehmer in der Schaffung von „Gewinnchancen für die erwerbsmäßige Herstellung solcher Güter, deren Preishebung ... als wahrscheinlich *schnellste* Folge der Vermehrung des Inlandgeldes" angesehen wird[24].

Bei gegebener Entfernung von dem eigentlichen Produktionsprozeß hängt der Grad der Elastizität bzw. Starrheit von Einkommen offenbar weiterhin von den unterschiedlichen Machtpositionen der gesellschaftlichen Gruppen ab. Galbraith sieht dies sogar als die wesentlichste Determinante des inflationären Distributionseffektes an[25]. In denjenigen Sektoren der Wirtschaft, in denen Unternehmen mit einer starken (oligopolistischen) Marktposition starken Gewerkschaften gegenüberstehen, sind die inflationsbedingten Einflüsse auf das Verhältnis von Löhnen und Gewinnen dabei erfahrungsgemäß gering[26]. Man pflegt sich untereinander auf Kosten der schwächer organisierten sozialen Gruppen zu einigen, wie dies z. B. weitgehend der Fall im Bereich der industriellen Fertigung ist. Am schlimmsten werden hingegen die Einkommensgruppen betroffen, deren Einkommen langfristig unverändert bleibt, weil es entweder durch Gesetz oder Gewohnheit oder durch andere Gesellschaftsgruppen auf ein Minimum herabgedrückt wird. In dieser Situation befinden sich alle Angestellten und Beamten der verschiedensten öffentlichen Dienste sowie diejenigen, die für Leistungen, die sie früher einmal der Gesellschaft erbracht haben, Renten, Pensionen oder ähnliche Zahlungen erhalten.

Die Auswirkungen dieses Faktums können gar nicht genug hervorgehoben werden, da es eine der wesentlichsten Ursachen für die allgemeine Malaise darstellt, die eine Gesellschaft betreffen kann, die ihr Geldwesen vernachlässigt. Denn die fortdauernde Verschlechterung aller Zweige der öffentlichen Dienste, nicht nur relativ zum privaten Lebensstandard, sondern auch absolut, läßt sich weitgehend direkt auf die Inflation zurückführen, ja gehört zu ihren Grundmerkmalen. Die ununterbrochene Benachteiligung aller im öffentlichen Dienst Stehenden hat, wie gar nicht anders zu erwarten, in allen Staaten mit säkularer Inflation die Besten und Fähigsten in die Privatwirtschaft getrieben, während die

---

[24] Max *Weber:* Wirtschaft und Gesellschaft, Grundriß der verstehenden Soziologie, hrsg. von Johannes Winckelmann, 4. Aufl., Köln-Berlin 1964, S. 137 f., vgl. auch S. 141 ff. Hervorhebung im Original.
[25] Vgl. J. K. *Galbraith:* Gesellschaft im Überfluß, München-Zürich 1963, S. 187 ff.
[26] Vgl. A. *Ando* und G. L. *Bach*, a.a.O., S. 12 sowie T. *Stehle:* Preisstabilität und leichte Inflation, Köln 1963, S. 136 ff.

weniger Wendigen, die Braven und Pflichtbewußten dem Staat treu blieben. Lehrermangel in allen Bereichen, mangelhafte und schleppende Durchsetzung von Recht und Gesetz sowie eine ineffiziente Verwaltung sind nur einige Syndrome des fortwährenden Verfalls öffentlicher Einrichtungen und Dienstleistungen, kurz der kontinuierlichen staatlichen und sozialen Desintegration, die ihren manifesten Ausdruck zunächst in ständigem Mißmut und Enttäuschungen bei den Massen der Bevölkerung finden muß[27].

Die Inflation trifft die Einkommensbezieher aber nicht nur von der differenzierten Einwirkung auf die Einkommensquellen her unterschiedlich, sondern ein zweites Mal bei der Einkommensverwendung. Wenn zu Anfang gesagt wurde, daß die Geldentwertung durch ein allgemeines Ansteigen des Preisniveaus charakterisiert ist, so muß dazu jetzt ergänzt werden, daß die Preise natürlich nicht für alle Güter in gleichem Ausmaß und mit der gleichen Zeitrate steigen. Sie steigen gemeinhin weniger und weniger schnell für Güter des gehobenen Verbrauchs, die aus der industriellen Fertigung stammen und deren Preise durch Produktivitätsfortschritte weitgehend gehalten oder sogar gesenkt werden können, und sie steigen relativ sehr viel stärker und rascher für die sogenannten Grundelemente der Lebenshaltung wie Lebensmittel, Wohnung und lebenswichtige Dienstleistungen. Daher werden auch die Bevölkerungsschichten mit niedrigerem Einkommen durch die Kaufkraftminderung auf Grund der Zusammensetzung des von ihnen nachgefragten „Warenkorbes" ungleich härter getroffen als die ohnedies wohlhabenderen Bevölkerungsschichten.

Es zeigt sich also, daß die Geldwertverschlechterung vielfältig und unterschiedlich die Bezieher von Einkommen begünstigt oder belastet

---

[27] Vgl. hierzu auch M. E. *Kamp:* Geldwert vor der Vertrauenskrise, Bonn 1966, S. 8. Es fällt schwer, an dieser Stelle ein sehr drastisches Beispiel aus dem bereits angeführten Buch von J. K. *Galbraith* auszulassen, der, nachdem er ausgeführt hat, daß auch die freien Berufe unter Umständen durch die Inflation zu leiden haben (a.a.O., S. 197), folgendermaßen fortfährt: „Nicht alle freien Berufe haben unter der Inflation zu leiden. Einzelne Gruppen können ihre Preise willkürlich festlegen und rasch die allgemeine Ansteigen der Löhne und der Nachfrage benützen, um ihre eigenen Tarife und Einkommen zu erhöhen. Normalerweise gehören die Rechtsanwälte und Ärzte zu dieser Kategorie. Es gibt auch noch andere. Im Jahre 1942 belohnte ein dankbares und ängstliches Volk seine Soldaten, Matrosen und Flieger mit einer erheblichen Solderhöhung. In Honolulu reagierten die Prostituierten sofort auf diese Steigerung des Einkommens und erhöhten den Preis für ihre Dienste. Und das in einer Zeit, in der ein doch gesteigerter Umsatz die Durchschnittskosten pro Einheit hätte senken müssen! Aber in diesem Fall verordneten die obersten Militärbehörden, tief empört über solchen in ihren Augen unanständigen, unmoralischen und unpassenden Wucher, die Wiedereinführung der alten Tarife. In der freien Marktwirtschaft und in Zeiten endemischer Inflation ist es also, finanziell gesehen, weit vorteilhafter, Spekulant oder Prostituierte zu sein als Lehrer, Pfarrer oder Polizist. Und das Ganze wird von den Vertretern des herkömmlichen Konzepts das System des Arbeitsansporns genannt."

und alles dies in willkürlicher, unkontrollierbarer und daher nicht steuerbarer Weise, was alle Maßnahmen für eine bewußte, sozialpolitisch erwünschte und als gerecht empfundene Einkommensverteilung immer wieder durchkreuzen muß. Auch dieses Ziel mag zu Zielkonflikten führen und teilweise Opfer erfordern. Die Inflation aber nimmt Umverteilungen nach blinder und rücksichtsloser Gesetzmäßigkeit vor und nicht nach sozialen Gesichtspunkten. So bewirkt die Inflation daher keinen sozialen Ausgleich, sondern vergrößert vielmehr vorhandene Ungleichheiten. „Sie ergreift in jeder Schicht diejenigen verhältnismäßig stärker, welche keine Möglichkeit haben, durch Organisierung ihrer Interessen oder durch ihre Macht über die Preisgestaltung einen Ausgleich zu erreichen. Die Inflation sucht nach der Art allen unsozialen Verhaltens ihre Opfer unter den wirtschaftlich Schwachen, unter den ökonomisch nicht genügend Geschulten und unter den wenig organisierten Gruppen[28]." Darüber hinaus führt die schleichende Geldentwertung zu mittelbaren Einwirkungen auf die Verteilung von gutausgebildeten Fachkräften auf den öffentlichen bzw. privaten Wirtschaftsbereich, die zu einer schwerwiegenden Aushöhlung der Leistungsfähigkeit des Staatsapparates und seiner Integrationskraft und somit der Gesellschaftsordnung führen können.

Wir wollen uns nunmehr der mit der vorigen zusammenhängenden Frage der Redistribution von Vermögen durch Inflation zuwenden. Die bekannteste und am meisten diskutierte Folge der Inflation ist dabei zweifellos die Umverteilung von Vermögen von den Gläubigern auf die Schuldner. Dabei ist zu unterscheiden zwischen Sachvermögen und Geldvermögen; denn während das erstere in Form von Grund und Boden, Gebäuden, Produktionsgütern und Vorräten dem Geldwertschwund völlig entgeht, zum Teil sogar erhebliche inflationsbedingte Wertsteigerungen erfährt wie bei Grund und Boden, sind alle auf Nominalbeträge fixierten Geldwerte wie Darlehen, Bankdepositen, Zentralbankgeld, Staatspapiere, Industrieobligationen, Hypothekenpfandbriefe, Lebensversicherungspolicen, Geldrentenverträge und viele andere mehr in hohem Maße anfällig für die Aushöhlung des Geldwertes. Der Geldwertbesitzer ist sogar in doppelter Hinsicht betroffen, weil die gleichfalls starre Verzinsung seiner Geldforderung dem Entwertungsprozeß ebenfalls unterworfen ist. Die Ungerechtigkeit eines Vermögensentzugs ohne ökonomische oder sonstige Gegenleistung wird aber noch dadurch vergrößert, daß uno actu damit ein gegenwertloser Vermögenstransfer auf die Geldwertschuldner erfolgt, deren größter und am meisten begünstigter zu allen Zeiten der Staat gewesen ist.

Es ist sehr schwer, sich in diesem Zusammenhang nicht an *Paretos* Feststellung zu erinnern, jenes metaphysische Wesen, das man Staat

---
[28] F. *Beutter*, a.a.O., S. 150 f.

nenne, verlange den Steuerzahlern so viel als irgend möglich ab, um es auszugeben. „Die Tatsache steht im Widerspruch zu der Meinung, daß dieses Wesen ‚Bedürfnisse' habe und Steuern nur deswegen ausschreibe, um sie zu befriedigen. Oder besser gesagt, diese ‚Bedürfnisse' sind unendlich und umfassen alle Wünsche der herrschenden Klasse und ihrer Prätorianer[29]." Das sogenannte Gesetz der steigenden Staatsaufgaben und -ausgaben von Adolph *Wagner,* das sich in modernisierter Gewandung als „Zweites Parkinsonsches Gesetz" präsentiert[30], hat offensichtlich nicht nur seine Antizipation, sondern womöglich sogar eine tiefere analytische Begründung gefunden. Jedenfalls wachsen, da die Einkommen, nicht zuletzt auch als Folge verstärkter Investitionstätigkeit, im Zuge der schleichenden Geldentwertung stark zunehmen, auch die Staatseinnahmen. Damit muß geradezu zwangsläufig bei den modernen parteiendemokratischen Wohlfahrtsstaaten[31], die Bereitschaft wachsen, die laufenden Staatsausgaben und auch die Investitionen der öffentlichen Hand, mithin also die „Staatsaufgaben", derart zu erweitern, daß sie schließlich die Staatseinnahmen übersteigen und zu steigenden Schulden und Steuererhöhungen führen müssen. Die Zukunft wird lehren, ob die in dem angeführten Zitat zum Ausdruck kommende Sorge *Paretos,* schrankenloses Schuldenmachen und unerträglicher Steuerdruck werde, wie sich am Beispiel der französischen Monarchie ablesen lasse, auch zum Ruin der bürgerlichen Gesellschaft führen, gegenstandslos ist.

Über die in dieser Entwicklung liegende Gefahr darf indes auch nicht die Tatsache hinwegtäuschen, daß bisher z. B. die Sparer mit einer erstaunlichen Geduld und mit einem durch nichts gerechtfertigten Vertrauen in die staatliche Wirtschaftspolitik weitergespart haben, obwohl die Verzinsung ihrer Guthaben und damit der verdiente Preis für ihren temporären Konsumverzicht teilweise nur unwesentlich den gleichzeitigen Kaufkraftverlust übertraf[32]. Es wird allerdings niemand eine Vor-

---

[29] Vilfredo *Pareto:* Sugli effetti dei prestiti e delle imposte e sulla scienza delle finanze (Lettere al prof. Benvenuto Griziotti, 1917), in: Rivista di diritto finanziario e scienza delle finanze, 1943, S. 133.

[30] Vgl. Northcote *Parkinso:* Alles von unserem Geld, Düsseldorf 1960.

[31] Vgl. hierzu meine Darstellung der „Soziologie der Politik", in: Die Lehre von der Gesellschaft, hrsg. v. G. Eisermann, Stuttgart 1958, S. 292—337, bes. S. 298—300.

[32] Diese weithin bekannten Feststellungen sind aber erst der Beginn einer Tragödie, die tief in den gesamten sozialen Raum hineinwirkt. 1964 unterhielten z. B. 47 % der Wohnbevölkerung der Bundesrepublik Deutschland Sparkonten allein bei den Sparkassen mit einer Einlagensumme von 67 Mrd. DM, woran die Gruppe der Unselbständigen einen Anteil von fast 70 % hatte. Die gesamte Sparsumme bei allen Geldinstituten, Bausparkassen etc. ist natürlich weit höher und verteilt sich entsprechend auch auf einen erheblich größeren Bevölkerungskreis. Legt man eine Inflationsrate von ca. 3 % jährlich zugrunde, so beträgt der hierdurch bewirkte Vermögenstransfer bereits mehrere Milliarden DM und ist damit über die Größenordnung einer quantité négligea-

aussage darüber wagen wollen, wie lange die Sparer sich noch derart täuschen lassen und weitersparen. Die fatalistische Gleichgültigkeit (vielleicht auch die borniert Dummheit) mit der fast alle verantwortlichen Instanzen trotz vielfältiger gegenteiliger Beteuerungen[33] den gewaltigen Vermögensentzug durch die schleichende Geldentwertung hinnehmen, wird um so unverständlicher, wenn man auch die daraus erwachsenden mittelbaren Folgen in Betracht zieht, die einer Vielzahl gewünschter und öffentlich geförderter gesellschaftspolitischer Ziele widersprechen. In der Tat kann man die Bezeichnung „Sozialverbrechen" hierfür[34] schwerlich als übertrieben ansehen.

So gehört der durch Art. 14 des deutschen Grundgesetzes als Grundrecht gewährleistete Eigentumsschutz zu den Wesensmerkmalen unseres Gesellschaftssystems, und ein Verstoß hiergegen ist gleichzeitig ein Verstoß gegen die gesamte Gesellschaftsordnung, aus der man nicht willkürlich einzelne Teile preisgeben kann, ohne das Ganze zu gefährden. Inflation ist aber nichts anderes als Diebstahl oder Enteignung, für die nach Art. 14 GG eigentlich eine angemessene Entschädigung zu zahlen wäre[35]. Entzug von Eigentum ist darüber hinaus aber auch Entzug von Freiheit. Denn das Grundgesetz schützt Eigentum deswegen zu Recht, weil dieses in unserer Gesellschaftsordnung die überaus wichtigen Funktionen hat, dem Einzelnen in Notzeiten einen Rückhalt zu gewähren, seine Lebensgestaltung langfristig zu sichern, seine Unabhängigkeit zu vergrößern und zu wahren und die individuelle Lebensvorsorge der vordringenden gesellschaftlichen „Organisation" immer weiterer Lebensbereiche entgegenzustellen. Aus der mehr als deklamatorischen Be-

---

ble bei weitem hinausgewachsen. (Vgl. Der Volkswirt, Beiheft zu Nr. 42 vom 21. 10. 1966, Frankfurt a. M., S. 4.) Im Jahresgutachten 1965/66 hat der Sachverständigenrat zur Begutachtung der gesamtwirtschaftlichen Entwicklung übrigens eine Realverzinsung von höchstens 1 % errechnet. Trotzdem ist nach seinen Beobachtungen die Spartätigkeit noch weiter gestiegen, was wohl auf die inflationistisch bedingte Aufblähung des Geldvolumens zurückzuführen ist (vgl. Stabilisierung ohne Stagnation, Stuttgart-Mainz 1965, S. 69).

[33] So forderte der frühere Bundeskanzler und Bundeswirtschaftsminister Professor Dr. Ludwig *Erhard* in seinem vielgelesenen und vielfach übersetzten Buch „Wohlstand für alle" beispielsweise, „die Währungsstabilität in die Reihe der menschlichen Grundrechte aufzunehmen, auf deren Wahrung durch den Staat jeder Staatsbürger Anspruch hat" (Düsseldorf 1957, S. 16). Offenbar bestand hier eine Art von kontrollierter Schizophrenie zwischen dem Denken der Person des Wirtschaftsprofessors und dem politischen Handeln des Astralleibes des praktischen Politikers. Ähnlich hat sich übrigens auch der frühere Bundeswirtschaftsminister, zeitweilige Finanz- und spätere Schatzminister Kurt Schmücker geäußert: Bekämpfung der schleichenden Inflation als Daueraufgabe der nationalen und internationalen Wirtschaftspolitik, in: Manfred *Nemitz* (Hrsg.): Schleichende Inflation?, Köln-Berlin 1965, S. 128.

[34] Alexander *Rüstow*: Die Unordnung des Geldwesens — eine moralische Krankheit, in: Vom Wert des Geldes, Stuttgart 1961, S. 172.

[35] Vgl. L. A. *Hahn*: Fünfzig Jahre zwischen Inflation und Deflation, Tübingen 1963, S. 199; F. *Beutter*, a.a.O., S. 153 f.

jahung dieser Ziele entstünde einer bewußten Vermögenspolitik zwangsläufig die Aufgabe, das Eigentum mit allen Mitteln zu schützen und Möglichkeiten einer verstärkten Vermögensbildung zu schaffen. Das durch Sparen erworbene Eigentum, das bereits von der Rechtsphilosophie des deutschen Idealismus als ökonomische Voraussetzung für die Verwirklichung des Postulats nach Freiheit, Selbstbestimmung und Entfaltung der Persönlichkeit betrachtet wurde, könnte die Forderung unserer Zeit realisieren helfen, daß der Mensch im Wirtschaftsprozeß nicht nur Objekt sein soll, sondern als Subjekt an den Entscheidungen mitwirkt und an der Verantwortung teilnimmt.

Die staatliche Sozial- und Wirtschaftspolitik hat diese grundlegenden Zusammenhänge nicht völlig verkannt und eine Reihe von Sparförderungsmaßnahmen entwickelt. Gleichzeitig wird aber in kurioser Bewußtseinsspaltung die kalte Enteignung von Sparvermögen verniedlicht und geduldet, die insbesondere jene trifft, deren Position durch die Vermögensbildung gebessert werden soll, nämlich die sozial Schwachen, die wirtschaftlich Ungebildeten und die machtpolitisch ungenügend Organisierten. Es wird also auch hier deutlich, daß die schleichende Inflation in Widerspruch steht zu gesellschaftspolitisch bedeutenden Zielsetzungen, da sie eine ungerechte Umverteilung von Vermögen bewirkt und damit zu schweren Schädigungen des gesamten sozialen Gefüges führen muß. Hinzuzufügen bleibt, daß die all dieses bewirkende und sich so sozial gebährdende Politik des „leichten Geldes" und der totalen Vollbeschäftigung durch eine größere private Ersparnisbildung und einen weiter gestreuten Anteil am Volksvermögen in ihrer Bedeutung erneut eine wesentliche Einschränkung erfahren würde. Eine Sozialpolitik, die dauernde Ungerechtigkeiten zur Voraussetzung hat, indem sie den Schuldner belohnt und den Sparer bestraft, verdient jedoch diese Bezeichnung nicht. *Die beste Sozialpolitik ist die Stabilität des Geldes.* Eine Sozialpolitik ohne Geldwertstabilität führt sich schließlich selbst ad absurdum.

Die Zukunft freilich wird lehren, ob noch so wohlbegründete Forderungen und Mahnungen die aus der Vergangenheit gewonnenen soziologischen „Gleichförmigkeiten" aufheben können. Durch die Geldentwertung und die Vermehrung der öffentlichen Ausgaben haben es die „Spekulanten" noch immer verstanden, sich Vermögen und Einkommensteile derjenigen anzueignen, die nur über ein fixes oder nahezu fixes Einkommen verfügen[36]. Die Vergangenheit ist in dieser Hinsicht sehr lehrreich: „Im antiken Griechenland vertrauten Privatpersonen ihr Geld den Tempeln an, und die Regierungen kamen und beraubten die Tempel. Die Geschichte des Tempels von Delphi ist in dieser Hinsicht sehr instruk-

---

[36] Vgl. Vilfredo *Pareto:* Trattato di Sociologia generale, a.a.O., § 1499, S. 67.

tiv. Im Mittelalter machten die Gläubigen, die sich die ewige Seligkeit sichern wollten, die Kirchen und Konvente reich, und die Heerführer kamen, eigneten sich die kirchlichen Güter an und verteilten sie unter ihre Anhänger. Später setzten Getreue des monarchischen oder republikanischen Staates ihr Vertrauen in diese Staaten und bildeten sich Renten, die sich alsbald in Nichts auflösten. In unserer Zeit zeichnen andere Gläubige Anleihen, deren Zukunft zumindest zweifelhaft ist. Es handelt sich, kurz gesagt, um ein und dasselbe Phänomen, das sich in leicht veränderten Formen zu allen Zeiten beobachten läßt[37]." Andererseits ist zuzugeben, daß die Politik des inflationierten „leichten Geldes" zunächst einzelnen sozialen Gruppen so viele vorübergehende Vorteile erbringt, daß jedermann geneigt ist, sie in seinem praktischen Verhalten zu begünstigen, während die Folgen erst allmählich, zumal dann, wenn der Prozeß der Geldentwertung verlangsamt werden muß, zutage treten. Daher kann man in der Fülle der Schriften, die einer solchen Politik des „leichten Geldes" das Wort reden, eine der zahlreichen Manifestationen der Kräfte erblicken, die innerhalb des gesellschaftlichen Gefüges darauf hinwirken, die Währung zu entwerten und diese Entwertung zu rechtfertigen.

In der Tat sind hier machtvolle Interessen und Gefühle am Werk, ohne daß sich die betreffenden Wortführer manchmal bewußt sind, daß sie die Taten von Regierenden begünstigen, die darauf aus sind, sich Hilfsmittel durch die Entwertung des Geldes zu beschaffen. Die Folgen einer solchen, mit der sozialen Nivellierung einhergehenden, inflationistischen Aufblähung der „Staatsaufgaben" sind jedoch aus der Vergangenheit nur allzu bekannt: „Alle Bürger waren zu Untertanen geworden, aber diese Untertanen erwarteten jetzt weit mehr von der Regierung als früher, als ein großer Teil der öffentlichen Aufgaben von munizipaler oder privater Seite getragen worden war. Außer dem stehenden Heer, das niemals so viele Legionen gezählt hatte, und dem stark vermehrten Verwaltungsapparat hatte der Staat Ausbau und Instandhaltung des ausgedehnten Straßennetzes, gewisse Wohlfahrts- und Unterrichtseinrichtungen, nicht zuletzt die Brotgetreide- und Ölverteilungen und die Lustbarkeiten für die stadtrömischen Getreideempfänger zu finanzieren... Dieser Kampf aller gegen alle führte schließlich zur Allmacht des Staates, der um weiterzubestehen, die Rechte aller Klassen der Gesellschaft mehr und mehr beschränken mußte[38]." Dies war im 4. Jahrhundert. Vertrauen wir darauf, daß uns nicht eines schönen Tages eine ähnliche Zukunft bevorsteht.

---

[37] Vilfredo *Pareto*: Fatti e teorie, a.a.O., S. 192.
[38] Hans-Georg *Pflaum*: Das römische Kaiserreich, in: Golo *Mann* und Alfred *Heuß* (Hrsg.): Prophyläen-Weltgeschichte, Vierter Band, Berlin-Frankfurt (M)-Wien o. J., S. 408—409, vgl. auch S. 414.

Die Befürworter des „leichten Geldes" versichern uns nun, daß es vermittels des „modernen wirtschaftspolitischen Instrumentariums", das indes mehr den Eindruck erweckt, als sei es am Schreibtisch oder manchmal eher noch an der Tafel ausgeheckt, als in der Praxis der Parlamente, Ministerien und Banken entwickelt und erprobt worden, nicht schwer sei, die schleichende Inflation zurückzustauen und unter Kontrolle zu behalten. Es ist nicht recht einzusehen, worauf sie diese Vertrauensseligkeit gründen wollen. Denn seit den Zeiten des römischen Kaisers Diokletian hat man versucht, eine solche, zunächst schleichende Inflation durch Zurückstauungsmaßnahmen daran zu hindern, sich auszubreiten und schließlich „galoppierende" Formen anzunehmen, wobei man vor den schärfsten Strafandrohungen, gesteigert bis zur Todesstrafe, nicht zurückschreckte[39]. Aber alle diese Maßnahmen haben sich auf die Dauer noch stets als unwirksam erwiesen.

Zu welchen tiefgreifenden Veränderungen der gesellschaftlichen Verhältnisse eine galoppierende Inflation, die man nach unserer eingangs gelieferten Definition auch als Preisrevolution ansprechen könnte, führen muß, ist nicht nur aus der großen deutschen Inflation nach dem Ersten Weltkrieg und ihren katastrophalen sozialen und politischen Folgen bekannt. Ähnliche Veränderungen bewirkten bereits die Preisrevolution des 16. Jahrhunderts und die Assignatenwirtschaft[40]. Der *Lenin* zugeschriebene Ausspruch: „Um die bürgerliche Gesellschaft zu zerstören, muß man ihr Geldwesen zerstören", zeugt jedenfalls, von seinem Standpunkt aus, von einer tiefen Einsicht in historisch-soziologische Zusammenhänge. Hüten wir uns davor, diese Zerstörung selbst zu besorgen, ohne es zu bemerken!

---

[39] Bereits Ende des 3. Jahrhunderts hatte die Inflation weitere, große Fortschritte gemacht. Die Münzen des Claudius enthielten fast kein Silber mehr, und infolge der bereits stark erschütterten Staatsautorität setzte man überall falsche Geldstücke in Umlauf. Auch in Gallien war die Wirtschaft infolge der Inflation — und durch die dauernden Kriege — völlig zerrüttet (vgl. Hans-Georg *Pflaum:* Das römische Kaiserreich, a.a.O., S. 420—422).

[40] Als Folge der Preisrevolution des 16. Jahrhunderts zeigte sich nicht nur eine revolutionäre Veränderung der Besitzverhältnisse, sondern auch eine große Kapitalanhäufung, vor allem aber eine wesentliche Verschlechterung der Lage der Handarbeiter. Die Assignatenwirtschaft hat hingegen die aufstrebenden Kreise des Bürgertums, des Handels und Gewerbes auf Kosten der grundbesitzenden Aristokratie wesentlich bereichert und die neue Grundbesitzverteilung des Landes erleichtert oder überhaupt erst ermöglicht, wodurch die sozialen und ökonomischen Grundlagen des modernen Frankreich bis auf unsere Tage gelegt wurden, obwohl sich andererseits dadurch die Lage der Arbeiter, die alsbald als neue politische Kraft mobilisiert wurden, nicht unwesentlich verschlechterte.

Unternehmensführung und Geldentwertung

Von Herbert Hax

I. Abgrenzung der Problemstellung

Bewertung bedeutet für den Betriebswirt in der Regel, daß der Wert eines Gegenstands in Geldeinheiten ausgedrückt wird. Spricht man jedoch von Geldentwertung, so wird damit offenbar ein anderer als der gewohnte Bewertungsmaßstab unterstellt; der Wert des Geldes wird in Gütereinheiten ausgedrückt, bei der üblichen Messung mit Hilfe von Preisindizes in Einheiten eines bestimmten Güterkorbes. Die Problematik einer statistischen Messung der Geldentwertung ergibt sich daraus, daß in der Regel nicht alle Preise in gleichem Maße steigen und der Güterkorb, der für die Bedürfnisse der Verbraucher repräsentativ ist, sich in seiner Zusammensetzung ändert. Dieses Problem soll bei den folgenden Überlegungen durch die Annahme ausgeschaltet werden, daß die Geldentwertung sich in einem gleichmäßigen Steigen aller Güterpreise auswirkt. Dieser Fall wird in der Realität kaum jemals eintreten; hier verschieben sich ständig die Relationen der Güterpreise untereinander. Durch die Modellprämisse eines gleichmäßigen Steigens aller Preise wird jedoch eine Isolierung des Effekts der Geldentwertung auf die Unternehmungspolitik möglich.

Die auffallendste Form der Geldentwertung ist die große Inflation, wie Deutschland sie in besonders ausgeprägter Form nach dem ersten Weltkrieg erlebte; die Geldentwertung in einer großen Inflation ist ein sich ständig beschleunigender Prozeß, bei dem das Steigen der Preise schließlich ein derartiges Ausmaß erreicht, daß das Geld weder als Tauschmittel noch als Rechnungseinheit funktionsfähig ist; das bedeutet den Zusammenbruch der Währung. Weniger einschneidende, aber doch nicht zu vernachlässigende Folgen hat für die Wirtschaft die schleichende Geldentwertung, bei der die Güterpreise Jahr für Jahr nur verhältnismäßig geringfügig, aber stetig ansteigen. Dieser Prozeß kann sich unbegrenzt fortsetzen, ohne daß es notwendigerweise wie bei der großen Inflation zu einem Zusammenbruch des Geldwesens kommen muß. Während große Inflationen vor allem im Anschluß an Kriege und politische Unruhen aufzutreten pflegen, ist die schleichende Geldentwertung auch bei normalen politischen und wirtschaftlichen Verhältnissen als Begleiterscheinung der Vollbeschäftigung zu beobachten.

Eine große Inflation hat für die Unternehmungspolitik weitreichende Folgen. Das Rechnungswesen der Unternehmung verliert seine Aussagefähigkeit und kann nicht mehr als Grundlage unternehmungspolitischer Entscheidungen dienen. Bewährte Regeln der Liquiditätspolitik erweisen sich als sinnlos. Die Beziehungen zu Lieferanten und Kunden werden komplizierter, weil der Naturaltausch mehr und mehr an die Stelle von Kauf und Verkauf tritt. Im folgenden sollen diese Fragen jedoch nicht behandelt werden; die Untersuchung soll sich auf die Auswirkungen einer schleichenden Geldentwertung für die Unternehmungspolitik beschränken.

Ein stetiges langsames Steigen aller Preise ist für die Unternehmung weniger fühlbar als eine große Inflation. Dennoch darf es nicht ignoriert werden. Den Auszahlungen für unternehmerische Investitionen stehen Einzahlungsströme gegenüber, die sich über lange Zeiträume erstrecken. Werden zur Beurteilung einer geplanten Investition Auszahlungen und Einzahlungen über ihre gesamte Lebensdauer einander gegenübergestellt, so ist nicht gleichgültig, wie sich der Wert der Geldeinheit, in der Ein- und Auszahlungen gemessen werden, im Zeitablauf entwickelt. Auch wenn die jährliche Steigungsrate der Preise nur geringfügig ist, ergibt sich über die Gesamtlebensdauer einer Investition ein erhebliches Sinken des Geldwerts. Ähnliche Überlegungen gelten für die Finanzierungsmaßnahmen der Unternehmung. Langfristige Finanzierungsmaßnahmen führen zunächst zu Einzahlungen und dann über einen langen Zeitraum hinweg zu Auszahlungen; Veränderungen des Geldwerts während dieses Zeitraums sind für die Beurteilung der Vorteilhaftigkeit von Finanzierungsmaßnahmen nicht gleichgültig.

Investitionen und Finanzierungsmaßnahmen bilden also den Bereich der Unternehmungspolitik, der durch die Geldentwertung in erster Linie betroffen wird. Zwei Fragen scheinen einer näheren Untersuchung wert:

1. Wirkt sich die Geldentwertung langfristig für die Unternehmung vorteilhaft oder nachteilig aus?
2. Wie kann die Unternehmung ihre Dispositionen im Investitions- und Finanzierungsbereich einer erwarteten Geldentwertung anpassen[1]?

---

[1] Gegen die zweite Frage könnte man grundsätzlich-methodische Einwendungen geltend machen und zu deren Stützung W. *Rieger* zitieren: „Es muß so gerechnet werden, als ob es einen ‚Geldwert' gar nicht gäbe — nicht einmal die Frage darf aufgeworfen werden." (Einführung in die Privatwirtschaftslehre, 2. Aufl., Erlangen 1959, S. 256); und noch deutlicher: „ ... die Wissenschaft kann niemals einen Rat geben, wie sich der Einzelne bei Währungsschwankungen, und seien sie noch so gewaltig, zu verhalten habe." (a.a.O., S. 258). Hieraus den Schluß zu ziehen, *Rieger* habe die Unveränderlichkeit des Geldwerts zur unabänderlichen Grundprämisse der Theorie der Unternehmung erheben wollen, scheint jedoch verfehlt. *Rieger* nimmt lediglich Stellung

Beide Fragen hängen eng miteinander zusammen. Ob die Geldentwertung der Unternehmung schadet oder nützt, ist nicht unabhängig davon, wie die zweite Frage beantwortet wird, ob es also gelingt, durch geeignete Dispositionen Vorteile aus der Geldentwertung zu ziehen bzw. den von ihr drohenden Schaden abzuwenden.

Ob die Unternehmung sich an eine erwartete Geldentwertung anpassen kann, hängt auch davon ab, inwieweit diese voraussehbar ist. Das Steigen der Güterpreise folgt keineswegs aus einem unabänderlichen Gesetz, sondern kann durch eine planmäßige und zielbewußte Wirtschaftspolitik beeinflußt, vielleicht sogar ganz aufgehalten werden. Ob dies versucht wird und in welchem Maße es gelingt, ist für den Unternehmer, der Investitions- und Finanzierungsentscheidungen trifft, ungewiß.

Wenn im folgenden eine Theorie entwickelt wird, die sichere Erwartungen hinsichtlich der zukünftigen Entwicklung des Geldwerts unterstellt, so ist deren Aussagewert beschränkt. Trotzdem kann sie wertvolle Erkenntnisse liefern. Man kann auf der Grundlage dieser Theorie verschiedene für möglich gehaltene zukünftige Entwicklungen daraufhin untersuchen, welche Investitions- und Finanzierungspolitik jeweils optimal ist und welche Folgen es hat, wenn man sich auf eine bestimmte erwartete Entwicklung einstellt und der tatsächliche Verlauf von den Erwartungen abweicht.

Wenn hier in erster Linie die Bedeutung der Geldentwertung für den Investitions- und Finanzierungsbereich untersucht wird, so wird damit ein Teil der Fragen, die die Geldentwertung für die Unternehmung mit sich bringt, ausgeklammert. Vor allem handelt es sich um die Problemkreise „Geldentwertung und Rechnungswesen" und „Geldentwertung und Preispolitik". Mit den Auswirkungen der Geldentwertung im Bereich des betrieblichen Rechnungswesens hat sich die Betriebswirtschaftslehre bereits anläßlich der großen Inflation zu Beginn der 20er Jahre sehr intensiv auseinandergesetzt[2]. Da sich im Rechnungswesen, insbe-

---

zu den Versuchen, die Wirkung der Geldentwertung im betrieblichen Rechnungswesen zu eliminieren, hierdurch nachteilige Folgen, die der Unternehmung insbesondere durch die Besteuerung drohen, abzuwenden und möglicherweise sogar den Prozeß der Geldentwertung aufzuhalten. Ob die Investitions- und Finanzierungspolitik der Unternehmung der erwarteten Geldentwertung angepaßt werden kann, ist eine ganz andere Frage, die mit dem Rechnungswesen direkt nichts zu tun hat. Soll die Theorie der Unternehmung Aussagen über eine rationale Investitions- und Finanzierungspolitik machen, so darf sie ein Phänomen wie die Geldentwertung nicht ignorieren.

[2] Einige der wichtigsten Arbeiten aus dieser Zeit sind: *Walb*, Ernst: Das Problem der Scheingewinne, Freiburg i. B., o. J. (1921); *Prion*, W.: Die Finanzierung und Bilanz wirtschaftlicher Betriebe unter dem Einfluß der Geldentwertung, Berlin 1921; *Schmidt*, Fritz: Die organische Bilanz im Rahmen der Wirtschaft, Leipzig 1921; *Schmalenbach*, Eugen: Die steuerliche Behandlung der Scheingewinne, Jena 1922.

sondere in der Bilanz, die Ergebnisse von Investitions- und Finanzierungsentscheidungen niederschlagen, wurden damals schon wesentliche Erkenntnisse über die Wirkungen der Geldentwertung in diesem Bereich der Betriebspolitik gewonnen. Im Vordergrund der Betrachtung standen jedoch nie die Vorgänge der Realität, sondern stets nur ihre Spiegelung im Rechnungswesen. Eine Betrachtungsweise, die die realen Vorgänge, insbesondere die unternehmerischen Entscheidungen, in den Vordergrund stellt, scheint zweckmäßiger, wenn man Aussagen über rationale Unternehmungspolitik machen will; das Rechnungswesen ist dann nur insofern von Bedeutung, als es Informationen für die Entscheidungen liefert, die Kontrolle der realen Vorgänge ermöglicht und, was vor allem für die Steuerbilanz gilt, unmittelbar Auswirkungen auf Vorgänge der Realität hat.

Der zweite Problemkreis, der hier ausgeklammert wird, die unternehmerische Preispolitik bei Geldentwertung, hat bisher nur wenig Beachtung gefunden. Überlegungen über die zweckmäßigste Ausgestaltung der Kostenrechnung bei Geldentwertung haben für die Preispolitik nur sehr begrenzten Aussagewert, solange nicht auf die Marktbedingungen Bezug genommen wird, die die preispolitische Handlungsfreiheit des Unternehmers einschränken. Welche Preispolitik eine Unternehmung im Verlauf der Geldentwertung betreiben kann und wird, ist eine offene Frage, die beim heutigen Stand der Theorie noch nicht in befriedigender Weise beantwortet werden kann. Von Interesse ist dieses Problem nicht nur unter rein betriebswirtschaftlichen Gesichtspunkten, sondern auch im Zusammenhang mit der Frage, wie es überhaupt zu der Geldentwertung kommt. Ein Phänomen wie die Kosten-Preis-Spirale kann nur unzureichend erklärt werden, wenn die preistheoretische Begründung dafür fehlt, daß Kostensteigerungen zwangsläufig zu Preiserhöhungen gleichen Ausmaßes führen. Dieses Problem sei hier nur angedeutet. Im folgenden wird es ausgeklammert durch die Annahme, daß die Unternehmung sich einem gleichmäßigen Steigen aller Preise gegenübergestellt sieht. Wie es zu diesen Preissteigerungen kommt, kann offen bleiben.

II. Kapitalwert und interner Zinsfuß im Falle der Geldentwertung

Aus der Investitionstheorie ist die grundlegende Entscheidungsregel bekannt, daß eine Investition dann für den Betrieb vorteilhaft ist, wenn der interne Zinsfuß über dem Kalkulationszinsfuß liegt, in dem die Höhe der Kapitalkosten zum Ausdruck kommt; zum selben Ergebnis führt die Regel, daß eine Investition vorteilhaft ist, wenn sie einen positiven Kapitalwert hat. Können diese Entscheidungsregeln auch im Falle der Geldentwertung angewandt werden? Dies ist problematisch, weil Kapitalwert und interner Zinsfuß aus zukünftigen Zahlungsüberschüssen berechnet werden. Je weiter ein Zahlungsüberschuß in der Zukunft liegt, desto geringer ist im Falle der Geldentwertung sein realer Wert, d. h. die Kaufkraft, die er repräsentiert. Es fragt sich, ob man in der Entscheidungsrechnung die zukünftigen Zahlungen nicht zunächst in Einheiten gleicher Kaufkraft umrechnen, von der rein monetären also zu einer realen Betrachtungsweise übergehen muß, um zu richtigen Ergebnissen zu kommen.

Zunächst soll versucht werden, diese Frage mit Hilfe des von I. *Fisher* entwickelten Modells für optimale Investitionsentscheidungen zu beantworten[3]. I. *Fisher* behandelt die Investition als Transformation gegenwärtigen Einkommens in zukünftiges, wobei er unter Einkommen das „Genußeinkommen" versteht, d. h. den für unmittelbare Befriedigung konsumtiver Bedürfnisse bestimmten Teil der erzielten Einkünfte. Das einzelne Wirtschaftssubjekt kann den ihm zufließenden Strom zukünftigen Einkommens auf zwei Arten umgestalten, erstens indem es Investitionen durchführt, zweitens indem es von der Möglichkeit Gebrauch macht, auf einem vollkommenen Kapitalmarkt in beliebigem Umfang zu einem einheitlichen Zinssatz Kredite zu nehmen oder zu geben. Für alle denkbaren Verteilungen der zukünftigen Einkommen hat das Wirtschaftssubjekt klare Präferenzvorstellungen, d. h. es kann für zwei beliebige Verteilungen stets angeben, ob es eine der anderen vorzieht oder zwischen ihnen indifferent ist. Daraus folgt, daß sich Grenzraten der Substitution zwischen Einkommen verschiedener Perioden angeben lassen, die definiert sind als der Betrag, um den das Einkommen einer Periode steigen muß, um das Sinken des Einkommens in der anderen Periode um eine Einheit in den Präferenzvorstellungen des Wirtschaftssubjekts voll auszugleichen. (Im Zwei-Perioden-Fall läßt sich die Grenzrate der Substitution als Steigungsmaß einer Indifferenzkurve darstellen.) Die optimale Gestaltung seiner Einkommensverteilung erreicht das Wirtschaftssubjekt, wenn die folgenden zwei Bedingungen erfüllt sind[4]:

1. Der Umfang der Investitionen ist so zu bemessen, daß der marginale interne Zinsfuß gleich dem Zinsfuß des Kapitalmarkts wird.
2. Von dem nach 1. erreichten Punkt ausgehend sind auf dem Kapitalmarkt Kredite aufzunehmen oder zu geben, derart, daß für zwei aufeinanderfolgende Perioden der Kapitalmarktzins der Grenzrate der Substitution zwischen den Einkommen der beiden Perioden entspricht (genauer: daß der Betrag, auf den eine Geldeinheit bei Anlage auf dem Kapitalmarkt bis zur nächsten Periode anwächst, gleich der Grenzrate der Substitution ist).

---
[3] Vgl. hierzu *Fisher*, I.: The Theory of Interest, New York 1930 (Reprint, New York 1965).
[4] *Fisher*, I., a.a.O., S. 148.

Die erste Bedingung besagt, daß unabhängig von den subjektiven Präferenzvorstellungen des Entscheidenden jedes Investitionsprojekt vorteilhaft ist, dessen interner Zinsfuß über dem Marktzins liegt, anders ausgedrückt: das bei Kalkulation mit dem Marktzins einen positiven Kapitalwert hat. Die subjektiven Präferenzen der Wirtschaftssubjekte insgesamt haben nur insofern noch einen indirekten Einfluß auf die Investitionsentscheidungen, als von ihnen gemäß der zweiten Bedingung Angebot und Nachfrage auf dem Kapitalmarkt und somit auch der Marktzins abhängen. Hierbei sind allerdings die Präferenzen eines einzelnen Wirtschaftssubjekt wegen der von I. *Fisher* angenommenen atomistischen Marktstruktur ohne spürbaren Einfluß.

In der *Fisher*'schen Theorie werden die Einkommensströme in Geldeinheiten gemessen; es handelt sich um monetäre, nicht um reale Größen. Die Ergebnisse gelten unabhängig davon, ob der Geldwert während des betrachteten Zeitraums konstant ist oder sich ändert. Das bedeutet nicht, daß die Geldentwertung ohne Einfluß auf das Ergebnis ist, sondern nur, daß die formalen Optimierungsbedingungen bei variablem Geldwert dieselben sind wie bei konstantem. Man vergleiche zwei Entscheidungssituationen, die sich nur dadurch voneinander unterscheiden, daß in einem Fall der Geldwert konstant ist, während er im anderen sinkt. Der Unterschied zwischen beiden Situationen wird in erster Linie in der Präferenzstruktur des Wirtschaftssubjekts, genauer gesagt, in den Grenzraten der Substitution zwischen Einkommen verschiedener Perioden zum Ausdruck kommen. Wenn bei konstantem Geldwert eine Einkommensminderung von 100 Geldeinheiten in einer Periode durch eine Einkommenserhöhung von 110 in der folgenden Periode genau ausgeglichen werden kann, so ist bei einem Ansteigen des Preisniveaus um 10 % die erforderliche Einkommenserhöhung der zweiten Periode gleich 121. Die Grenzrate der Substitution steigt also durch die Geldentwertung von 1,1 auf 1,21. Gleichzeitig verändert die Geldentwertung aber auch die erwartete Rendite der Investitionen. Weiterhin kommt es zu Änderungen bei Angebot und Nachfrage im Kapitalmarkt und infolgedessen zu einer Erhöhung des Marktzinses. Das optimale Investitionsprogramm weicht allerdings unter den Prämissen des *Fisher*'schen Modells nicht von dem ab, das dem Falle konstanten Geldwerts entspricht, da zwei Effekte, nämlich die Erhöhung der internen Verzinsung der Investitionsprojekte und der erhöhte Marktzins, einander kompensieren[5]; dies gilt allerdings nur unter den wirklichkeitsfremden Bedingungen eines vollkommenen Kapitalmarkts.

Wesentlich ist zunächst folgendes Ergebnis: Die Geldentwertung ändert zwar die Daten des Entscheidungskalküls, den der Investor anzu-

---

[5] *Fisher*, I., a.a.O., S. 36 ff.

stellen hat, nicht jedoch die Methode. Optimal ist das Investitionsprogramm mit dem höchsten Kapitalwert. Bei der Berechnung des Kapitalwerts werden die Geldströme mit ihrem Nominalwert angesetzt. Es bedarf keiner expliziten Korrektur der Geldwertveränderung.

Das Modell von *Fisher* beruht auf der Voraussetzung eines vollkommenen Kapitalmarkts. Es bleibt nachzuweisen, daß das hierfür abgeleitete Ergebnis auch dann noch gilt, wenn diese Voraussetzung aufgehoben wird. Die Ableitung von Optimalitätsbedingungen wird dann gegenüber dem von *Fisher* untersuchten Fall erheblich erschwert[6]; insbesondere wird es sehr schwierig, die subjektive Präferenzstruktur des Investors explizit im Modell zu berücksichtigen. Deshalb sei hier eine etwas andere Zielfunktion zugrundegelegt. Der Investor ist bestrebt, so sei angenommen, sein Vermögen am Ende der Planungsperiode zu maximieren. Es kann, muß aber nicht, zusätzlich die Nebenbedingung aufgestellt werden, daß in den einzelnen Perioden Entnahmen genau vorbestimmter Höhe stattfinden. Diese Zielfunktion ist sinnvoll und hat außerdem den für Entscheidungsmodelle sehr wesentlichen Vorteil, daß in ihr nur meßbare Größen vorkommen. Die Grenzraten der Substitution im *Fisher*'schen Modell lassen sich hingegen praktisch kaum messen. Daß die Maximierung des Vermögens am Ende der Planungsperiode ein sinnvolles Ziel ist, wird kaum zu bestreiten sein; das Modell ist nur insofern noch unbefriedigend, als es ungeklärt läßt, wie die Höhe der im voraus eingeplanten Entnahmen bestimmt wird.

Um nun die Bedingungen zu formulieren, unter denen eine Investition in bezug auf die Zielsetzung der Vermögensmaximierung vorteilhaft ist, muß zunächst der Begriff der Kapitalkosten eingeführt und präzisiert werden. Die Kapitalkosten geben die Verzinsung an, die für einen investierten Kapitalbetrag mindestens erzielt werden muß, wenn die Investition sich im Hinblick auf das Ziel der Vermögensmaximierung nicht nachteilig auswirken soll. Wird die Investition mit Fremdkapital finanziert, so gibt der Fremdkapitalzins die Kapitalkosten an. Bei Finanzierung mit Eigenkapital, das der Investor aus seinem Privatvermögen der Unternehmung zuführt, ergeben sich die Kapitalkosten als Opportunitätskostensatz, d. h. sie sind gleich der Verzinsung, die der Investor bei Anlage außerhalb des Unternehmens erzielen könnte. Bei Beteiligungsfinanzierung stellt der Gewinnanteil, der in Zukunft den neu eintretenden Anteilseignern zufließen wird, vom Standpunkt der alten Anteilseigner die Kosten des zusätzlichen Kapitals dar. Die Relation dieses Gewinnanteils zum zusätzlichen Kapitalbetrag (die z. B. bei einer Aktien-

---

[6] Vgl. hierzu *Hirshleifer*, Jack: On the Theory of Optimal Investment Decisions, in: *Solomon*, Ezra, The Management of Corporate Capital, New York-London 1959, S. 205—228.

gesellschaft in erster Linie vom Emissionskurs der neuen Aktien abhängt) muß mindestens so hoch sein wie der Opportunitätskostensatz der neuen Anteilseigner[7]. Da die Kosten des Fremdkapitals in der Regel niedriger liegen als die des Eigenkapitals, Fremdkapital aber nur aufgenommen werden kann, wenn Eigenkapital vorhanden ist, werden die meisten Investitionen gemischt finanziert; die Kapitalkosten erhält man dann als gewogenen Durchschnitt von Eigen- und Fremdkapitalkosten[8]. Eine Investition trägt dann zur Erhöhung des Vermögens am Ende des Planungszeitraums bei, wenn ihr interner Zinsfuß über den Kapitalkosten liegt oder wenn sie bei Kalkulation mit dem Kapitalkostensatz einen positiven Kapitalwert hat. Man erhält dieselbe formale Regel für die Auswahl vorteilhafter Investitionen wie bei vollkommenem Kapitalmarkt; allerdings wird die Bestimmung der Kapitalkosten erheblich schwieriger, sobald es keinen einheitlichen Marktzinssatz mehr gibt.

Zu prüfen bleibt, ob dieses Ergebnis auch für den Fall der Geldentwertung gilt, insbesondere, ob ein Kapitalwert als Entscheidungskriterium dienen kann, der aus den Nominalwerten zukünftiger Zahlungsströme berechnet wird. Gegen eine nur am Nominalwert der Zahlungen orientierte Rechnung scheint zunächst zu sprechen, daß der Investor, wenn er den Wert seines Vermögens am Ende des Planungszeitraums zu maximieren trachtet, den Realwert im Auge hat und nicht den Nominalwert. Hieraus ist jedoch nicht zu folgern, daß bei der Berechnung des Kapitalwerts die zukünftigen Zahlungsströme durch einen Geldentwertungsfaktor korrigiert werden müssen, so daß nur ihr Realwert in Ansatz kommt. Da die Geldentwertung für den Investor unabänderliches und unbeeinflußbares Datum ist, hat es keinen Einfluß auf das Ergebnis der Rechnung, ob der Nominalwert oder der Realwert des Vermögens maximiert wird. Da beide Größen auf denselben Zeitpunkt bezogen sind, erhält man den Realwert durch Division des Nominalwerts durch den Preisindex, in dem die Geldentwertung zum Ausdruck kommt. Die eine Größe ist also der anderen direkt proportional; erreicht die eine ein Maximum, so gilt dies zwangsläufig auch für die andere. Zur Maximierung des Nominalwerts genügt aber die Regel, daß eine Investition durchzuführen ist, wenn, auf der Grundlage nominaler Zahlungsströme berechnet, ihr interner Zinsfuß über den Kapitalkosten liegt.

---

[7] Vgl. hierzu vor allem *Solomon, Ezra*: The Theory of Financial Management, New York-London 1963, S. 37 ff.

[8] Theoretisch einwandfrei ist diese Art der Bestimmung der Kapitalkosten allerdings nur, solange alle Investitionen, die vorteilhaft erscheinen, finanziert werden können. Im Falle der Kapitalrationierung, wo dies nicht möglich ist, gelten andere Regeln. Ein allgemeines Modell zur Bestimmung der Kapitalkosten wurde entwickelt, in: *Hax, Herbert*: Investitions- und Finanzplanung mit Hilfe der linearen Programmierung, ZfbF., 16. Jg. (1964), S. 430—446, insbesondere S. 439 ff.

Die Methode der Investitionsrechnung bleibt also, ganz wie im Falle des vollkommenen Kapitalmarktes, durch die Geldentwertung unberührt. Das schließt keineswegs aus, daß die Daten der Rechnung, die Kapitalkosten, die internen Zinsfüße der Investitionen und die geplanten Entnahmen durch die Geldentwertung verändert werden. Damit ist vielmehr zu rechnen; das Investitionsprogramm kann also durch die Geldentwertung durchaus beeinflußt werden.

Vergleicht man die Fälle konstanten und sinkenden Geldwerts, etwa um festzustellen, ob die Vorteile oder die Nachteile der Geldentwertung überwiegen, so muß selbstverständlich berücksichtigt werden, daß in einem Fall das Verhältnis zwischen Nominalwert und Realwert des Vermögens konstant bleibt, während es sich im anderen verschiebt. Da bei dieser Fragestellung der Realwert entscheidend ist, muß der Nominalwert mit Hilfe des Preisindex korrigiert werden.

III. Die Investitions- und Finanzierungspolitik unter dem Einfluß der Geldentwertung

Die Methoden der Investitionsrechnung werden, so wurde festgestellt, durch die Geldentwertung nicht berührt. Der Einfluß der Geldentwertung auf die Investitions- und Finanzierungspolitik hängt also nur davon ab, wie sich die Daten des Kalküls, also die mit den Investitionen verbundenen Zahlungsströme und die Kapitalkosten der Finanzierungsmaßnahmen ändern.

1. Die Wirkung der Geldentwertung unter Vernachlässigung von Steuern

Um die Zusammenhänge klarer erkennbar zu machen, wird für die folgenden Überlegungen zunächst vereinfachend angenomen, daß es keine gewinnabhängigen Steuern gibt. Die Ergebnisse dieser Modellbetrachtung gelten also nicht unmittelbar für die Wirklichkeit. Die Gewinnbesteuerung, so wird anschließend zu zeigen sein, führt zu erheblichen Modifizierungen dieser ersten Ergebnisse.

a) Investitionen

Die Zahlungsströme der Investitionen, die dem Kalkül zugrundeliegen, werden durch die Geldentwertung insofern beeinflußt, als sie durch Erwerb und Veräußerung von Waren und Leistungen zustandekommen. Steigen die Güterpreise im Zeitablauf, so werden die Einzahlungsüberschüsse, die für die Zukunft erwartet werden können, gegenüber dem Fall konstanten Geldwerts größer, und zwar steigen sie umso mehr, je weiter sie in der Zukunft liegen. Die Geldentwertung bewirkt somit eine Erhöhung des internen Zinsfußes der Investitionen. Dieser nominale interne Zinsfuß ergibt sich formal aus einer multiplikativen Verknüpfung des realen internen Zinsfußes (d. h. desjenigen, der sich bei konstantem Geldwert einstellen würde) und der Rate der Geldentwertung. Führt zum Beispiel eine Investitionsauszahlung von 100 bei konstantem Geldwert nach einem Jahr zu einer Einzahlung von 110, so liegt die reale Verzinsung bei 10 %. Nimmt man eine Erhöhung des allgemeinen Preisniveaus um 20 % während des Jahres an, so beträgt die Einzahlung 132, die nominale Verzinsung also 32 %. Bezeichnet man die Nominalverzinsung mit i_n, die Realverzinsung mit i_r und die Geldentwertungsrate mit g (alle drei Größen in Prozent ausgedrückt) so gilt allgemein:

$$1 + \frac{i_n}{100} = \left(1 + \frac{i_r}{100}\right) \cdot \left(1 + \frac{g}{100}\right)$$

b) Kosten des Eigenkapitals

Die Kapitalkosten werden durch die Geldentwertung in unterschiedlicher Weise beeinflußt, je nachdem, ob es sich um Eigen- oder Fremdkapital handelt. Die Kosten des Eigenkapitals hängen davon ab, welche Verzinsung bei Anlage des Kapitals außerhalb der Unternehmung erzielt werden könnte; dies gilt für Finanzierung aus dem Privatvermögen der Eigentümer ebenso wie bei Aufnahme neuer Teilhaber. Hierbei ist die Annahme gerechtfertigt, daß auch außerhalb der Unternehmung Investitionsmöglichkeiten gegeben sind, deren Verzinsung bei Geldentwertung in gleicher Weise steigt wie die der Investitionen in der Unternehmung; diese Voraussetzung ist auf jeden Fall gegeben bei allen Investitionen, deren Ein- und Auszahlungen sich aus dem Erwerb bzw. der Veräußerung von Gütern ergeben, die an der Preissteigerung teilhaben. Die Opportunitätskosten des Eigenkapitals steigen also mit der Geldentwertung. Bezeichnet man die realen Kapitalkosten, mit denen bei konstantem Geldwert zu rechnen wäre, mit k_r, die nominalen Kapitalkosten mit k_n, so gilt ebenso wie im Falle der Investitionen die Formel:

$$1 + \frac{k_n}{100} = \left(1 + \frac{k_r}{100}\right) \cdot \left(1 + \frac{g}{100}\right)$$

Würden Investitionen nur mit Eigenkapital finanziert, so wäre zu erwarten, daß die Erhöhung der Kapitalkosten die erhöhte interne Verzinsung der Investitionen genau kompensiert. Daß dies tatsächlich der Fall ist, wird an der Formel für den Kapitalwert deutlich. Ist eine Investition bei konstantem Geldwert durch die Anfangsauszahlung A_0 und die darauf folgenden Einzahlungsüberschüsse $a_1 \ldots a_n$ charakterisiert, so ist ihr Kapitalwert:

$$K = \sum_{t=1}^{n} a_t \cdot \left(1 + \frac{k_r}{100}\right)^{-t} - A_o$$

Geldentwertung hat zur Folge, daß der Einzahlungsüberschuß des t-ten Jahres von a_t auf $a_t \cdot \left(1 + \frac{g}{100}\right)^t$ steigt.

Der Kapitalwert ergibt sich aus der Formel:

$$K = \sum_{t=1}^{n} a_t \cdot \left(1 + \frac{g}{100}\right)^t \cdot \left(1 + \frac{k_n}{100}\right)^{-t} - A_o =$$

$$= \sum_{t=1}^{n} a_t \left(\frac{1 + \frac{g}{100}}{\left(1 + \frac{k_r}{100}\right)\left(1 + \frac{g}{100}\right)}\right)^t - A_o = \sum_{t=1}^{n} a_t \left(1 + \frac{k_r}{100}\right)^{-t} - A_o$$

Die Geldwertänderung bleibt ohne Einfluß auf den Kapitalwert.

Die Neutralität der Investitions- und Finanzierungspolitik gegenüber Geldwertänderung wird auch an dem nachstehenden Zahlenbeispiel deutlich:

Fall 1:

Finanzierung nur mit Eigenkapital, keine Entnahme, keine Steuern

a) konstanter Geldwert

Periode	Zahlungsstrom aus der Investition	Zinsertrag aus Anlage der freien Mittel zu 10 %	Freie Mittel am Ende der Periode
0	—10	0	0
1	3	0	3
2	3	0,3	6,3
3	3	0,63	9,93
4	3	0,993	13,923
5	3	0,392	18,315
Nominal- und Realwert des Endvermögens			18,315

b) *sinkender Geldwert*

Periode	Zahlungsstrom aus der Investition	Zinsertrag aus Anlage der freien Mittel zu 21 %	Freie Mittel am Ende der Periode
0	—10	0	0
1	3,3	0	3,3
2	3,63	0,693	7,623
3	3,993	1,601	13,217
4	4,392	2,776	20,385
5	4,833	4,281	29,499
Nominalwert des Endvermögens			29,499
Realwert des Endvermögens (Preisindex 1,611)			18,311

In diesem wie in allen folgenden Beispielen wird angenommen, daß der Betrieb eine Investition durchführt und die im Laufe des Planungszeitraums freiwerdenden Mittel mit einer Verzinsung in Höhe des Kapitalkostensatzes reinvestieren kann. Bei konstantem Geldwert liegt dieser Kapitalkostensatz, so wird für das Beispiel angenommen, bei 10 %. Im Falle sinkenden Geldwerts steigen die jährlichen Einzahlungsüberschüsse mit dem Preisniveau, im Beispiel um 10 % jährlich, und die Kapitalkosten erhöhen sich ebenfalls, hier von 10 % auf 21 %. Erfolgsmaßstab ist die Differenz zwischen dem anfangs eingesetzten Eigenkapital und dem Wert des Vermögens am Ende des fünf Perioden umfassenden Planungszeitraums. Der Kapitaleinsatz liegt in beiden Fällen bei 10; bei konstantem Geldwert erhält man ein Endvermögen von 18,315, bei sinkendem Geldwert hingegen von 29,499. Dies sind jedoch die Nominalwerte, die nicht vergleichbar sind, weil sich das Preisniveau in dem einen Fall verändert hat und in dem anderen nicht. Die Vergleichbarkeit ist erst gegeben, wenn der Nominalwert des Endvermögens im Falle sinkenden Geldwerts durch den Preisindex (hier 1,611) dividiert wird. Man erhält mit 18,311 denselben Vermögenswert wie bei konstantem Geldwert[9]; der Realvermögenszuwachs ist also in beiden Fällen gleich groß.

An der Neutralität des Ergebnisses gegenüber Geldwertänderungen ändert sich auch dann nichts, wenn die Einzahlungsüberschüsse nicht in vollem Umfang reinvestiert, sondern zum Teil für Entnahmen verwandt werden:

---

[9] Die geringfügige Abweichung ergibt sich aus Rundungsfehlern.

Unternehmensführung und Geldentwertung

Fall 2:

**Finanzierung nur mit Eigenkapital,
im voraus eingeplante Entnahmen, keine Steuern**

a) konstanter Geldwert

Periode	Zahlungsstrom aus der Investition	Entnahme	Zinsertrag aus Anlage der freien Mittel zu 10 %	Freie Mittel am Ende der Periode
0	—10	0	0	0
1	3	1	0	2
2	3	1	0,2	4,2
3	3	1	0,42	6,62
4	3	1	0,662	9,282
5	3	1	0,928	12,210
Nominal- und Realwert des Endvermögens				12,210

b) sinkender Geldwert

Periode	Zahlungsstrom aus der Investition	Entnahme	Zinsertrag aus Anlage der freien Mittel zu 21 %	Freie Mittel am Ende der Periode
0	—10	0	0	0
1	3,3	1,1	0	2,2
2	3,63	1,21	0,462	5,082
3	3,993	1,331	1,067	8,811
4	4,392	1,464	1,850	13,589
5	4,833	1,611	2,854	19,665
Nominalwert des Endvermögens				19,665
Realwert des Endvermögens (Preisindex 1,611)				12,207

Fall 2 unterscheidet sich von Fall 1 dadurch, daß Entnahmen stattfinden. Bei konstantem Geldwert sind, so wird angenommen, die Entnahmen in allen Perioden gleich hoch; bei sinkendem Geldwert steigen sie mit dem Preisindex derart, daß die Entnahmen in beiden Fällen stets die gleiche reale Kaufkraft repräsentieren. Es zeigt sich, daß das Realvermögen in beiden Fällen auf 12,210 anwächst. Zu beachten ist, daß im Falle konstanten Geldwerts die Entnahme genau gleich dem Gewinn ist (lineare Abschreibung der Anfangsauszahlung vorausgesetzt). Im Falle sinkenden Geldwerts wird hingegen nicht der gesamte Gewinn entnommen, obwohl die Entnahmen hier in ihrer Kaufkraft denen im Falle konstanten Geldwerts äquivalent sind. Dies hängt damit zusammen, daß der Gewinn als nominaler Vermögenszuwachs ermittelt wird; er erhält neben dem Realvermögenszuwachs auch einen rein nominalen Zuwachs, der das

Realvermögen nicht erhöht, sondern lediglich eine Kompensation für den gesunkenen Realwert des ursprünglich eingesetzten Kapitals bildet; auf diesen Zusammenhang wird noch bei der Behandlung des Einflusses der Steuern zurückzukommen sein. Allgemein gilt, daß bei Geldentwertung nur ein geringerer Anteil des Gewinns entnommen werden darf als bei konstantem Geldwert, wenn in beiden Fällen der gleiche Realvermögenszuwachs angestrebt wird; wie das Beispiel zeigt, wird dadurch nicht ausgeschlossen, daß die Höhe der Entnahmen mit dem Preisniveau steigt.

c) *Fremdfinanzierung*

Fremdfinanzierung wurde bisher aus der Betrachtung ausgeschlossen. Allgemein besteht die Vorstellung, Fremdfinanzierung sei bei Geldentwertung besonders vorteilhaft, da sie zur Entstehung einer nominalen Geldschuld führe, die vom Steigen des Preisniveaus unabhängig sei, so daß der Realwert späterer Tilgungen wesentlich niedriger sei als der des ursprünglich aufgenommenen Kapitalbetrages. Für die Investitionsrechnung müßte die Vorteilhaftigkeit des Fremdkapitals darin zum Ausdruck kommen, daß seine Kosten mit der Geldentwertung überhaupt nicht oder wenigstens nicht in gleichem Maße steigen wie die interne Verzinsung der Investitionen und die Kosten des Eigenkapitals. Das müßte auch der Fall sein, wenn der Fremdkapitalzins durch die Geldentwertung nicht beeinflußt würde. Diese Voraussetzung wird aber nicht erfüllt sein, wenn allgemein ein stetiges Steigen des Preisniveaus erwartet wird. Die Bereitschaft der Kapitalanleger, Mittel in Form von Darlehen zur Verfügung zu stellen, wird dann geringer sein als bei konstantem Geldwert, sofern nicht der Zins so weit ansteigt, daß er einen Ausgleich für die Realwerteinbuße beim nominellen Kapital bietet. Andererseits wird, wenn der Zins bei erwarteter Geldentwertung nicht steigt, der Anreiz zur Aufnahme von Krediten erhöht. Steigende Nachfrage und sinkendes Angebot sorgen also dafür, daß der Fremdkapitalzinssatz so weit steigt, bis ein neues Gleichgewicht erreicht ist, bei dem im Zins die Entwertung des nominellen Kapitals voll abgegolten wird.

Ist dieser Gleichgewichtszustand erreicht, so stehen auch Fremdkapitalkosten und Eigenkapitalkosten wieder im gleichen Verhältnis zueinander wie bei konstantem Geldwert. Daher kann auch für diesen Fall eine Neutralität der Investitions- und Finanzpolitik gegenüber der Geldentwertung festgestellt werden. Die verbreitete Vorstellung, Aufnahme von Fremdkapital sei bei Geldentwertung mit besonderen Vorteilen verbunden, ist also nicht richtig, wenn die Geldentwertung allgemein erwartet wird.

Vorteile bringt die Geldentwertung der Unternehmung lediglich hinsichtlich des Fremdkapitals, das bereits in der Vergangenheit aufgenommen wurde. Bei diesem steht die Höhe des Zinses bereits fest; sie ist nicht mehr davon abhängig, ob sich der Geldwert ändert oder nicht. Die zu leistenden Zins- und Tilgungszahlen sind ihrem Nominalbetrag nach fixiert; je geringer der Realwert dieser Zahlungen ist, desto vorteilhafter ist dies für die Unternehmung. Dies wird auch am nachstehenden Zahlenbeispiel deutlich:

Fall 3:

Finanzierung je zur Hälfte mit Eigen- und Fremdkapital, keine Entnahmen, keine Steuern

a) konstanter Geldwert

Periode	Zahlungsstrom aus der Investition	Aufnahme (+) u. Tilgung (—) von Fremdkapital	Fremdkapitalzinsen (8 %)	Zinsertrag aus Anlage der freien Mittel zu 10 %	Freie Mittel am Ende der Periode
0	—10	5	—	—	—
1	3	—	0,4	—	2,6
2	3	—	0,4	0,26	5,46
3	3	—	0,4	0,546	8,606
4	3	—	0,4	0,861	12,067
5	3	—5	0,4	1,207	10,874

Nominal- und Realwert des Endvermögens 10,874

b) sinkender Geldwert

Periode	Zahlungsstrom aus der Investition	Aufnahme (+) u. Tilgung (—) von Fremdkapital	Fremdkapitalzinsen (8 %)	Zinsertrag aus Anlage der freien Mittel zu 21 %	Freie Mittel am Ende der Periode
0	—10	5	—	—	—
1	3,3	—	0,4	—	2,9
2	3,63	—	0,4	0,609	6,739
3	3,993	—	0,4	1,415	11,747
4	4,392	—	0,4	2,467	18,206
5	4,833	—5	0,4	3,823	21,462

Nominalwert des Endvermögens 21,462
Realwert des Endvermögens (Preisindex 1,611) 13,322

Für Fall 3 gelten zunächst dieselben Voraussetzungen wie in Fall 1 und 2, nur daß die Investition zur Hälfte mit Fremdkapital finanziert wird, dessen Zinsfuß bei konstantem wie bei sinkendem Geldwert 8 % beträgt. Bei konstantem Geldwert erhält man am Ende des Planungszeitraums ein Realvermögen von 10,874, bei sinkendem Geldwert hingegen von 13,322. Hieraus darf allerdings noch nicht der Schluß gezogen werden, eine teilweise mit Fremdkapital finanzierte Unternehmung sei an Geldentwertung interessiert; wie noch zu zeigen sein wird, können diese Vorteile der Geldentwertung wieder verlorengehen, wenn man die Wirkung der Besteuerung berücksichtigt.

Für die Investitions- und Finanzplanung ist das in der Vergangenheit bereits aufgenommene Fremdkapital nicht von Bedeutung. Für die Entscheidung über neue Investitionen sind die Kosten des Fremdkapitals maßgeblich, das zu ihrer Finanzierung aufgenommen wird. In der Regel steigen diese Kosten, sobald mit Geldentwertung zu rechnen ist. Ausnahmen von dieser Regel können dadurch bedingt sein, daß die Unternehmung ein Steigen des Preisniveaus erwartet, Auswirkungen auf dem Kapitalmarkt aber noch nicht spürbar geworden sind, weil allgemein noch mit einem konstanten Geldwert gerechnet wird. Dieser Ausnahmefall dürfte von geringer praktischer Bedeutung sein, da die Erwartungen einer Unternehmung hinsichtlich der Entwicklung des Geldwerts in der Regel nicht von den allgemein gehegten Erwartungen abweichen werden. Eher schon ist denkbar, daß eine Anpassung des Kapitalmarktzinses an eine allgemein erwartete Geldentwertung durch wirtschaftspolitische Maßnahmen, insbesondere eine staatlich dirigierte Kreditpolitik, verhindert wird. Langfristig wird das allerdings nicht möglich sein, wenn nicht der Kapitalmarkt ganz seiner Funktion beraubt werden soll.

Angenommen, der Ausnahmefall sei aus irgendwelchen Gründen gegeben, der Kapitalmarktzins sei also nicht gestiegen, obwohl Geldentwertung erwartet wird, so kann die Unternehmung von der Fremdfinanzierung profitieren. Sie wird zunächst versuchen, die Situation durch Aufnahme zusätzlichen Fremdkapitals auszunutzen. Hierbei wird sie allerdings bald an die Grenzen stoßen, die nach allgemein verbreiteten Regeln und Konventionen der Verschuldung gesetzt sind; ob Regeln, die besagen, daß ein bestimmter Verschuldungsgrad aus Sicherheitsgründen nicht überschritten werden darf, theoretisch zu rechtfertigen sind, soll hier nicht diskutiert werden; es genügt, daß derartige Regeln anerkannt sind und die Beschaffung zusätzlichen Fremdkapitals schwierig wird, sobald der Verschuldungsgrad die Grenze des allgemein als zulässig angesehenen erreicht hat.

Ist eine weitere Erhöhung des Verschuldungsgrads ausgeschlossen, so bleibt die Möglichkeit, gleichzeitig Eigenkapital und Fremdkapital aufzunehmen. Da die Kosten des Eigenkapitals bei Geldentwertung in gleicher Weise ansteigen wie die interne Verzinsung der Investitionen, die Kosten des Fremdkapitals hingegen nicht, steigen die Kosten der gemischten Finanzierung in geringerem Maße an als die der reinen Eigenfinanzierung. Die durch die Geldentwertung bedingte Erhöhung der Investitionsverzinsung wird also nicht voll durch die Kapitalkostenerhöhung kompensiert. Investitionen, die bei konstantem Geldwert nicht lohnend waren, können nun einen positiven Kapitalwert haben. Das Investitionsvolumen der Unternehmung wird also größer; dies gilt jedoch nur für den Ausnahmefall, daß der Fremdkapitalzins von der Geldentwertung unberührt bleibt.

d) Liquiditätsreserven

Unberücksichtigt blieb bei den bisherigen Überlegungen die Tatsache, daß nicht alle der Unternehmung zufließenden Mittel unmittelbar für Sachinvestitionen verwandt werden. Ein Teil dient vielmehr der Schaffung von Liquiditätsreserven, teils in der Form von Zahlungsmitteln, teils in der Form leicht liquidierbarer Vermögensanlagen. Eine gewisse Liquiditätshaltung ist unumgänglich, um für die laufenden Transaktionen stets zahlungsfähig zu sein. Darüber hinaus dienen Liquiditätsreserven der Sicherung der Unternehmung; sie sollen einerseits verhindern, daß die Unternehmung in Zahlungsschwierigkeiten gerät, wenn die Ein- und Auszahlungen aus Investitionen nicht so wie geplant eintreffen; andererseits ermöglichen sie die Ausnutzung von Investitionschancen, die sich unvorhergesehen darbieten und daher nicht von vornherein eingeplant wurden.

Daß Zahlungsmittel zur Sicherung der laufenden Transaktionen bereitgehalten werden müssen, hat zur Folge, daß die Verzinsung der Investitionen insgesamt bei Geldentwertung nicht ganz in dem Maße ansteigt, wie dies bei völlig fehlender Kassenhaltung der Fall wäre. Die Möglichkeit, dem durch Verminderung der Kassenhaltung entgegenzuwirken, dürfte meist nicht gegeben sein; die Höhe der Kassenhaltung ergibt sich aus der bei jeder Planung streng einzuhaltenden Nebenbedingung, daß die Zahlungsfähigkeit der Unternehmung stets erhalten bleiben muß. Die hierfür benötigte Reserve ist unabhängig von der Verzinsung der Investitionen, vermindert sich folglich auch nicht bei steigender Verzinsung.

Wenn der Kapitalmarktzins sich der Geldentwertung entsprechend erhöht, steigt die Verzinsung der in Form leicht liquidierbarer Vermögensanlagen gehaltenen Liquiditätsreserven bei Geldentwertung in gleicher Weise wie die der Sachinvestitionen. Besonderheiten ergeben sich nur, wenn aus irgendwelchen Gründen diese Anpassung des Kapitalmarktes unterbleibt. Dies hat zunächst zur Folge, daß der durch das Fremdkapital bedingte Effekt einer relativen Senkung der Kapitalkosten im Vergleich zur internen Verzinsung der Investitionen abgeschwächt wird. Eine weitere mögliche Folge ist, daß bei den Liquiditätsreserven eine Verlagerung vom Geldvermögen zum Sachvermögen stattfindet; Grenzen ergeben sich allerdings daraus, daß mit der kurzfristigen Liquidierung dieser Vermögensgegenstände gerechnet werden muß und das hiermit verbundene Verlustrisiko bei Sachvermögen (z. B. Grundstücke, Aktien) größer ist als bei Geldvermögen (z. B. festverzinsliche Wertpapiere).

2. Die Wirkung gewinnabhängiger Steuern

Die bisherigen Ergebnisse sind wesentlich zu modifizieren, sobald eine von der Höhe des Gewinns abhängige Steuer erhoben wird. Der Gewinn ist eine reine Geldgröße, der nominale Zuwachs des Vermögenswertes. Geldentwertung führt daher zu einer erhöhten realen Steuerbelastung. Der nominale Vermögenszuwachs enthält neben dem Realvermögenszuwachs auch die Erhöhung des Nominalwertes des ursprünglichen Realvermögens. Neutral könnte die Geldentwertung nur bleiben, wenn die Besteuerung lediglich den Realvermögenszuwachs erfaßte.

Ein Beispiel möge dies veranschaulichen. Eine Auszahlung von 100 führe nach einem Jahr bei konstantem Geldwert zu einer Einzahlung von 110; bei einer 50 %igen Steuer verbleibt ein Nettogewinn von 5. Nun sei angenommen, der Geldwert sinke im Laufe des Jahres um 10 %; die Einzahlung betrage 121. Nach Abzug der Steuern verbleibt ein nominaler Nettogewinn von 10,5. Da aber 110 am Ende des Jahres das gleiche Realvermögen darstellen wie 100 am Anfang, beträgt der Netto-Realvermögenszuwachs nur 0,5. Würde nur der Brutto-Realvermögenszuwachs von 11 besteuert, so verbliebe ein Netto-Realvermögenszuwachs von 5,5, der dem Gewinn von 5 im Falle konstanten Geldwerts äquivalent ist; die Wirkung der Besteuerung würde sich also durch die Geldentwertung nicht ändern.

Daß bei Geldentwertung die Steuerbelastung des Realvermögenszuwachses steigt, unter Umständen sogar über 100 % ausmacht, ist keine neue Erkenntnis. Die betriebswirtschaftliche Bilanzlehre hat sich schon seit langem mit dieser Frage befaßt und insbesondere versucht, Methoden der Gewinnermittlung zu entwickeln, die verhindern, daß als Gewinn mehr als der Realvermögenszuwachs ausgewiesen wird. Das Problem wurde in erster Linie unter dem Gesichtspunkt der betrieblichen Substanzerhaltung gesehen[10]. Es wurden daher Rechnungsverfahren entwickelt, die die ständige Wiederbeschaffung des für die betriebliche Tätigkeit benötigten Sachvermögens, das in den Umsatzprozeß eingeht und daher stetiger Erneuerung bedarf, zu sichern geeignet sind.

Das Zahlenbeispiel zeigt aber, daß die Erhöhung der realen Steuerbelastung bei sinkendem Geldwert ganz unabhängig davon auftritt, ob

---

[10] Vgl. hierzu auch *Schmalenbach*, Eugen: Die steuerliche Behandlung der Scheingewinne, Jena 1922, S. 2 f.

eine bestimmte Betriebssubstanz erhalten werden muß[11]. Ob bestimmte Vermögensgegenstände wiederbeschafft werden müssen oder nicht, ist ohne Einfluß auf das Ergebnis. Der Effekt, daß die Steuerbelastung des Realvermögenszuwachses mit der Geldentwertung steigt, tritt immer ein, wenn Kapital zur Erzielung von Einkommen eingesetzt und für die Besteuerung der Nominalvermögenszuwachs zugrundegelegt wird. Dies gilt auch, wenn es sich um eine reine Finanzinvestition handelt, bei der keine Beziehung zu einer betrieblichen Substanz besteht.

Wenn man davon spricht, daß die Inflation eine indirekte Form der Besteuerung ist, denkt man meist an einen anderen Zusammenhang als den hier beschriebenen. Wenn ein staatliches Haushaltsdefizit mit Hilfe der Notenpresse finanziert wird, so führt dies zum Sinken des Geldwerts und damit zu einem Effekt, der einer Besteuerung der Kassenhaltung gleichkommt. An diesen Effekt ist hier nicht gedacht. Ganz unabhängig davon, ob ein staatliches Haushaltsdefizit oder eine andere Ursache zur Geldentwertung führt und auch ganz unabhängig von der Kassenhaltung tritt mit sinkendem Geldwert die erhöhte Steuerbelastung ein, die hier beschrieben wird.

Wie das Zusammenwirken von Geldentwertung und Steuerbelastung die betrieblichen Investitionen beeinflußt, kann wieder an Zahlenbeispielen deutlich gemacht werden:

Fall 4:

Finanzierung nur mit Eigenkapital, keine Entnahme, Einkommensteuer in Höhe von 50 %

a) konstanter Geldwert

Periode	Zahlungsstrom aus der Investition	Abschreibungen	Gewinn	Steuern	Zinsertrag aus Anlage der freien Mittel zu 5 %	Freie Mittel am Ende der Periode
0	—10	—	—	—	—	—
1	3	2	1	0,5	—	2,5
2	3	2	1	0,5	0,125	5,125
3	3	2	1	0,5	0,257	7,882
4	3	2	1	0,5	0,394	10,775
5	3	2	1	0,5	0,539	13,815
Nominal- und Realwert des Endvermögens						13,815

---

[11] Durch Geldentwertung bedingte „Scheingewinne" kann es auch geben, wenn keine bestimmte Substanz erhalten werden muß. Andererseits kann das Problem der Substanzhaltung auch schon bei konstantem Geldwert auftauchen, wenn nämlich die Preise einzelner für den Betrieb besonders wichtiger Güter steigen, ohne daß das allgemeine Preisniveau sich verändert. (Vgl. *Hax*, Karl: Die Substanzerhaltung der Betriebe, Köln und Opladen 1957, S. 275 ff.)

b) *sinkender Geldwert, Abschreibung vom Anschaffungswert*

Periode	Zahlungsstrom aus der Investition	Abschreibungen	Gewinn	Steuern	Zinsertrag aus Anlage der freien Mittel zu 10,5 %	Freie Mittel am Ende der Periode
0	—10	—	—	—	—	—
1	3,3	2	1,3	0,65	—	2,65
2	3,63	2	1,63	0,815	0,278	5,743
3	3,993	2	1,993	0,997	0,603	9,342
4	4,392	2	2,392	1,196	0,981	13,519
5	4,833	2	2,833	1,417	1,419	18,354

Nominalwert des Endvermögens 18,354
Realwert des Endvermögens (Preisindex 1,611) 11,393

c) *sinkender Geldwert, Abschreibung vom Tageswert*

Periode	Zahlungsstrom aus der Investition	Abschreibungen	Gewinn	Steuern	Zinsertrag aus Anlage der freien Mittel zu 10,5 %	Freie Mittel am Ende der Periode
0	—10	—	—	—	—	—
1	3,3	2,2	1,1	0,55	—	2,75
2	3,63	2,42	1,21	0,605	0,289	6,064
3	3,993	2,662	1,331	0,666	0,637	10,028
4	4,392	2,928	1,464	0,732	1,053	14,741
5	4,833	3,222	1,611	0,806	1,548	20,316

Nominalwert des Endvermögens 20,316
Realwert des Endvermögens (Preisindex 1,611) 12,611

d) *sinkender Geldwert, Abschreibung vom Wiederbeschaffungswert*

Periode	Zahlungsstrom aus der Investition	Abschreibungen	Gewinn	Steuern	Zinsertrag aus Anlage der freien Mittel zu 10,5 %	Freie Mittel am Ende der Periode
0	—10	—	—	—	—	—
1	3,3	3,222	0,078	0,039	—	3,261
2	3,63	3,222	0,408	0,204	0,342	7,029
3	3,993	3,222	0,771	0,386	0,738	11,374
4	4,392	3,222	1,170	0,585	1,194	16,375
5	4,833	3,222	1,611	0,806	1,719	22,121

Nominalwert des Endvermögens 22,121
Realwert des Endvermögens (Preisindex 1,611) 13,731

In Fall 4 wird 100 %ige Eigenfinanzierung vorausgesetzt; Gewinne werden mit 50 % besteuert. Das hat auch zur Folge, daß die Verzinsung aus der Anlage freigesetzter Mittel auf die Hälfte sinkt[12], von 10 % auf 5 % im Falle konstanten Geldwerts, von 21 % auf 10,5 % im Falle sinkenden Geldwerts. Es zeigt sich, daß der Realwert des Vermögens bei konstantem Geldwert auf 13,815 steigt, bei sinkendem Geldwert hingegen unter der Voraussetzung der üblichen Abschreibung vom Anschaffungswert nur auf 11,393. Die Varianten c) und d) des Falles 4 lassen die Wirkung unterschiedlicher Verfahren der Abschreibungsbemessung erkennen. Bei Abschreibung vom Tageswert (Tageswert = Anschaffungswert × Preisindex der jeweiligen Periode) gelangt man zu einem Realwert des Endvermögens von 12,611; die Wirkung der Geldentwertung wird also nur abgeschwächt, nicht aufgehoben. Erst bei Abschreibung vom Wiederbeschaffungswert (Wiederbeschaffungswert = Anschaffungswert × Preisindex am Ende des Planungszeitraums) wird ein Realvermögenswert von 13,731 erreicht und damit die Wirkung des gesunkenen Geldwerts annähernd vollständig ausgeglichen. Nur in diesem letzten Fall wird nämlich der Nominalwertzuwachs des zu Beginn vorhandenen Realvermögens ganz als Aufwand verrechnet und damit von der Besteuerung ausgenommen.

Fall 5:

Finanzierung zu je 50 % mit Eigen- und Fremdkapital, keine Entnahme, Einkommensteuer in Höhe von 50 %

a) konstanter Geldwert

Periode	Zahlgs.-strom aus der Investition	Aufn. (+) u. Tilg. (—) von Fremdkapital	Fremdkapitalzinsen (8 %)	Abschreibg.	Gewinn	Steuern	Zinsertrag aus Anlage der freien Mittel zu 5 %	Freie Mittel am Ende der Periode
0	—10	5	—	—	—	—	—	—
1	3	—	0,4	2	0,6	0,3	—	2,3
2	3	—	0,4	2	0,6	0,3	0,115	4,715
3	3	—	0,4	2	0,6	0,3	0,236	7,251
4	3	—	0,4	2	0,6	0,3	0,363	9,914
5	3	—5	0,4	2	0,6	0,3	0,496	7,710
Nominal- und Realwert des Endvermögens								7,710

---

[12] Allgemein gilt, daß die Kapitalkosten durch die Besteuerung des Einkommens sinken; vgl. hierzu *Swoboda*, Peter: Der Einfluß der steuerlichen Abschreibungspolitik auf betriebliche Investitionsentscheidungen, ZfbF, 16. Jg. (1964), S. 414 f.

b) sinkender Geldwert

Periode	Zahlgs.-strom aus der Investition	Aufn. (+) u. Tilg. (—) von Fremdkapital	Fremdkapitalzinsen (8 %)	Abschreibg.	Gewinn	Steuern	Zinsertrag aus Anlage der freien Mittel zu 10,5 %	Freie Mittel am Ende der Periode
0	—10	5	—	—	—	—	—	—
1	3,3	—	0,4	2	0,9	0,45	—	2,45
2	3,63	—	0,4	2	1,23	0,615	0,257	5,322
3	3,993	—	0,4	2	1,593	0,792	0,559	8,682
4	4,392	—	0,4	2	1,992	0,996	0,912	12,590
5	4,833	—5	0,4	2	2,433	1,217	1,322	12,128

Nominalwert des Endvermögens 12,128
Realwert des Endvermögens (Preisindex 1,611) 7,528

In Fall 5 wird angenommen, daß die Investition zur Hälfte mit Fremdkapital finanziert wird und daß die Geldentwertung ohne Einfluß auf den Fremdkapitalzins bleibt. Wenn es keine Steuern gibt, so ist die Situation, wie bei der Behandlung von Fall 3 klar wurde, für die Unternehmung sehr vorteilhaft. Durch die Besteuerung, so ist aus Fall 5 zu ersehen, wird dieser Vorteil wieder aufgehoben. Der Realwert des Endvermögens steigt bei konstantem Geldwert auf 7,710; bei sinkendem Geldwert bleibt er mit 7,528 sogar noch etwas dahinter zurück.

Die Auffassung, Unternehmungen, die mit Fremdkapital arbeiten, seien an Geldentwertung interessiert, ist offensichtlich selbst dann nicht haltbar, wenn das Sinken des Geldwerts keine Erhöhung des Kapitalmarktzinses bewirkt. Isoliert gesehen ist die Fremdfinanzierung dann zwar sehr vorteilhaft für die Unternehmung. Diesen Vorteilen steht aber der Nachteil der bei sinkendem Geldwert erhöhten realen Steuerbelastung gegenüber. Wie das Beispiel zeigt, überwiegen selbst bei der recht hohen Fremdfinanzierungsquote von 50 % die mit der Geldentwertung verbundenen Nachteile.

In welcher Weise Umfang und Zusammensetzung des Investitions- und Finanzierungsprogramms durch die mit der Geldentwertung verbundenen Erhöhung der realen Steuerbelastung beeinflußt werden, läßt sich nicht allgemeingültig angeben. Durch die Besteuerung von Gewinnen werden sowohl die Verzinsung der Investitionen als auch die Kapitalkosten gesenkt; Verschiebungen im optimalen Programm sind dabei möglich; sie hängen in erster Linie von den speziellen Regeln ab, die für die Gewinnermittlung, insbesondere für die Abschreibungsverrechnung gelten[13]. Generell läßt sich nur sagen, daß die Möglichkeiten der Selbstfinanzierung eingeschränkt werden. Gleichzeitig ist damit zu rechnen, daß das Angebot auf dem Kapitalmarkt auf die Dauer zurückgeht, weil infolge der erhöhten Steuerlast weniger gespart werden kann. Auf lange Sicht ist also mit einer Kapitalverknappung, folglich auch mit erhöhten Kapitalkosten zu rechnen. Insgesamt wird auf die Dauer das Wachstum der Unternehmungen durch das Zusammenwirken von Geldentwertung und Besteuerung gehemmt.

Die Frage, ob es wirtschaftspolitisch sinnvoll ist, die durch die Geldentwertung bedingte Erhöhung der realen Steuerlast dadurch abzuwenden, daß nur der Realvermögenszuwachs besteuert wird, soll hier nicht im einzelnen erörtert werden. Das Prinzip der Nominalrechnung bei der Gewinnermittlung müßte dann zugunsten eines allgemeinen Prinzips der Substanzerhaltung aufgegeben werden. Gegen eine derartige Regelung spricht ein gewichtiges Argument. Eine Wirtschaftspolitik zur Verhinderung der Geldentwertung wird umso leichter durchzusetzen sein, je größer der Schaden ist, den Unternehmungen bei sinkendem Geldwert erleiden. Andererseits kann die Besteuerung nach dem Nominalprinzip untragbar werden, wenn die Geldentwertung größeres Ausmaß erreicht und die Steuerlast den Realvermögenszuwachs übersteigt. Jedermann wird einsehen, daß es nicht sinnvoll wäre, bei konstantem Geldwert eine Gewinnsteuer von 120 % zu erheben; bei Geldentwertung kann aber schon ein verhältnismäßig niedriger nominaler Steuersatz dazu führen, daß über 100 % des Realvermögenszuwachses an den Fiskus abzuführen sind. Wenn also bei der steuerlichen Gewinnermittlung am Nominalprinzip festgehalten wird, so muß, sollen langfristig schwere Schädigungen verhindert werden, eine zielbewußte und klare Wirtschaftspolitik die Stabilität des Geldwerts sichern.

---

[13] Vgl. hierzu insbesondere *Brown*, Cary: Business-Income Taxation and Investment Incentives, in: Readings in the Economics of Taxation, London 1959; *Musgrave*, Richard A.: Theory of Public Finance, New York-Toronto-London 1959, S. 312—346; *Böhm*, Hans-Hermann: Kostenwirkungen der Ertragsbesteuerung in der Investitionsrechnung, in: Führungsentscheidungen und ihre Dispositionshilfen — Vorträge des 11. Deutschen Betriebswirtschafter-Tages, Berlin o. J. (1958), S. 105—123; *Schneider*, Dieter: Der Einfluß von Ertragsteuern auf die Vorteilhaftigkeit von Investitionen, ZfhF, 14. Jg. (1962), S. 539—570; *Mertens*, Peter: Ertragsteuerwirkungen auf die Investitionsfinanzierung — ihre Berücksichtigung in der Investitionsrechnung, ZfhF, 14. Jg. (1962), S. 570—588; *Swoboda*, Peter: Der Einfluß der steuerlichen Abschreibungspolitik auf betriebliche Investitionsentscheidungen, ZfbF, 16. Jg. (1964), S. 414—429; *Schneider*, Helmut: Der Einfluß der Steuern auf die unternehmerischen Investitionsentscheidungen, Tübingen 1964; *Albach*, Horst: Zur Berücksichtigung von Ertragsteuerzahlungen in der Theorie der Investitionsketten, ZfB, 34. Jg. (1964), S. 436—448.

Printed by Libri Plureos GmbH
in Hamburg, Germany